植田 一三
ICHIZO UEDA
[編著]

小谷 延良
NOBUYOSHI KOTANI

上田 敏子
TOSHIKO UEDA

岩間 琢磨
TAKUMA IWAMA
[著]

WRITING SUPER TRAINING
EIKEN GRADE 2

英検®2級 ライティング大特訓

英検®は、公益財団法人日本英語検定協会の登録商標です。
このコンテンツは、公益財団法人日本英語検定協会の承認や推奨、その他の検討を受けたものではありません。

プロローグ

　日本では、2008 年度に小学 5、6 年生を対象に外国語活動として小学校の英語教育が始まり、2020 年には「小学 3 年生からの必修化」が完全実施されることとなりました。同時に、大学入試も英語の受信力中心であったものから、英語力を測る国際的な基準である CEFR をベースにした英語の発信力や実用英語力を重視したものに変わり、中学卒業時に CEFR の A2（準 2 級レベル）、高校卒業時に B2（準 1 級レベル）、最低でも B1（英検 2 級レベル）、大学卒業時に C1（1 級レベル）、最低でも B2（準 1 級レベル）まで日本人の英語力を高めようとしています。この CEFR の要求水準は日本人にとってはハードルの高いものですが、日本人が 21 世紀のボーダレス社会を生き抜くための緊急課題となっています。

　こういった英語教育の新たな動きを反映し、2016 年度第 1 回実用英語技能検定（6 月実施）から英検 2 級の 1 次試験でライティングが導入され、自分の意見を英語で論理的に発信する力が求められる試験となりました。これによって、様々な社会問題、特に「教育」「サイエンス＆テクノロジー」「環境」「ビジネス」などの分野のトピックに関して、英語の文章構成に従って論理的に意見を述べる能力が求められるチャレンジングな内容に変更されました。

　英検 2 級のライティングは、「あなたの意見とその理由を 2 点書きなさい」という問題構成になっていますが、1 点目と 2 点目の理由が重複しないようにし、かつ説得力ある論理性を備えた理由とその説明を書くことが重要です。また、80 〜 100 語の長さで理由を 2 点述べないといけないので、「一定の型」をマスターしておく必要があります。これらの要素は、文章を丸暗記するのではなく、どのような問題パターンが出題されても対応でき、かつケアレスミスや時間のロスを最小限にするためのトレーニングの重要性を物語っています。

　こういったことをふまえて制作された本書は、1 章で新傾向英検 2 級とそのエッセイ問題の概論を述べた後、2 章では日本人の初級・中級英語学習者が最も犯しやすく、かつ英文ライティングで絶対犯してはならない「文法・語法ミス Top 50」の紹介とレッスンを行い、3 章では新傾向の英文エッセイライティング問題に極めて重

要な「クリティカルシンキング（英語の論理的思考）」の大特訓を行い、4章では総復習と応用力の養成を兼ねて実践模試にチャレンジしていただく構成になっています。さらに、日本人が英文ライティングで犯しやすい「コロケーション（言葉と言葉の組み合わせ）とスペリングのミス」Top 20 や、英検 2 級ライティング必須表現 200と必須例文 100」をカバーし、対策勉強の効率を最大限に高められるようにしました。

　本書を通じて英検合格だけでなく、教養を高めると同時に、「本物の使える英語力」を身につけ英検準 1 級、1 級の足掛かりにしていただければ幸いです。また、本の全体的な難易度としては非常に高く思われるかもしれませんが、2 級受験者だけでなく、準 1 級取得を目指す人や、ライティングの基礎を学びたい人、さらには英検、ライティングを指導される方にとっても有益な情報を数多く盛り込みました。本書が皆さんのさらなるステップアップの一助になれば著者としてこの上ない喜びです。

　本書の制作にあたり、惜しみない努力をしてくれたアクエアリーズスタッフの小谷延良氏（1 章・2 章・4 章・巻末例文担当）、岩間琢磨氏（1 章・3 章担当）、上田敏子氏（3 章・全体企画・校正担当）、田岡千明氏・田中秀樹氏（3 章協力）、今田理恵子（3 章翻訳）、中坂明子（3 章校正）、および編集をしてくださったアスク出版の道又敬敏氏には感謝の意を表したいと思います。それから何よりも、われわれの努力の結晶である著書をいつも愛読してくださる読者の皆さんには、心からお礼を申し上げます。それでは明日に向かって英悟の道を Let's enjoy the process!（陽は必ず昇る）Thank you.

植田 一三

CONTENTS
目次

プロローグ 003

Chapter 1 英検2級ライティングの概要と攻略法

「英検」が変わった！ 010

英検は大学入試や海外留学に利用できる！ 010

「英検2級」は中級者の証明 011

新傾向2級はライティング攻略が決め手！ 012

エッセイライティング問題とは？ 012

英検2級ライティング　頻出トピックはこれだ！ 013

英検2級の採点基準とは？ 015

キーアイデアとサポートの書き方を完全マスター！ 017

英検2級のエッセイはこれで完全攻略！ 019

必勝フォーマットで徹底攻略！ 020

Chapter 2 ライティングで絶対に犯してはいけない文法・語法のミスTop50

文法・語法のミス Top 50 024

(ちょっとブレイク) コロケーションとは？ 036

(ちょっとブレイク) 受動態が好まれる場合とは？ 048

番外編 10 054

間違えやすいコロケーション Top 20 056

間違えやすいスペリングミス Top 20 057

Chapter 3	分野別 **ライティング力UP トレーニング**

ロジカルシンキング・トレーニングにトライ！ ……………………………… 060

Unit 1 **教育分野**	068

01 「教育」問題の最重要トピックはこれだ！ ……………………………… 068
02 Pro / Con 問題にチャレンジ！ ……………………………………………… 069
03 サポートマッチング問題にチャレンジ！ ………………………………… 075
04 ロジカルシンキング・トレーニングにチャレンジ！ …………………… 077

Unit 2 **メディア分野**	082

01 「メディア」問題の最重要トピックはこれだ！ ………………………… 082
02 Pro / Con 問題にチャレンジ！ ……………………………………………… 083
03 サポートマッチング問題にチャレンジ ………………………………… 089
04 ロジカルシンキング・トレーニングにチャレンジ！ …………………… 091

Unit 3 **ライフ分野**	096

01 「ライフ」問題の最重要トピックはこれだ！ …………………………… 096
02 Pro / Con 問題にチャレンジ！ ……………………………………………… 097
03 サポートマッチング問題にチャレンジ ………………………………… 100
04 ロジカルシンキング・トレーニングにチャレンジ！ …………………… 102

Unit 4 **文化分野**	107

01 「文化・レジャー」問題の最重要トピックはこれだ！ ………………… 107
02 Pro / Con 問題にチャレンジ！ ……………………………………………… 108
03 ロジカルシンキング・トレーニングにチャレンジ！ …………………… 111

| Unit 5 | サイエンス・テクノロジー＆環境分野 | 114 |

01-1 「サイエンス・テクノロジー」問題の最重要トピックはこれだ！ ———— **114**

01-2 「環境」問題の最重要トピックはこれだ！ ———— **115**

02 Pro / Con 問題にチャレンジ！ ———— **116**

03 ロジカルシンキング・トレーニングにチャレンジ！ ———— **120**

| Unit 6 | ビジネス分野 | 126 |

01 「ビジネス」問題の最重要トピックはこれだ！ ———— **126**

02 Pro / Con 問題にチャレンジ！ ———— **127**

03 サポートマッチング問題にチャレンジ ———— **133**

04 ロジカルシンキング・トレーニングにチャレンジ！ ———— **135**

Chapter 4 総仕上げ実践模試にチャレンジ！

実践問題にチャレンジ！ ———— **146**

01 都会か田舎か？ ———— **147**

02 個人旅行かパッケージ旅行か？ ———— **151**

03 早期外国語教育熱は高まるか？ ———— **155**

04 中古商品が社会に及ぼす影響とは？ ———— **160**

05 紙の新聞はなくなってしまうのか？ ———— **164**

06 ロボット普及による影響とは？ ———— **168**

07 企業の海外進出のメリット・デメリットとは？ ———— **172**

08 子供のインターネットの使用は制限すべきか？ ———— **176**

英検2級ライティング必須表現200 ———— **180**

英検2級ライティング必須例文100 ———— **186**

Chapter 1

英検2級ライティングの
概要と攻略法

「英検」が変わった！

英検とは「**実用英語技能検定**」の略称で 1963 年に第一回試験が実施されて以来、英語の 4 技能（読む・聞く・話す・書く）を総合的に測る試験として全国規模で 50 年以上行われてきました。日本英語検定協会によって年 3 回実施され、昨今の英語教育熱の高まりに伴い受験者数も増加傾向にあります。2015 年度の受験志願者数は 320 万人を超え、今後も受験者数の増加が予想されます。受験級は 5 級、4 級、3 級、準 2 級、2 級、準 1 級、1 級の 7 つに分類され 5 級、4 級は 1 次筆記試験（リーディング、リスニング）のみ、その他の級は 1 次の筆記試験（リーディング、リスニング、ライティング）と 2 次試験（スピーキング、ただし 1 次試験合格者のみ）によって合否の判定が行われます。以前は合否だけの判定でしたが、2016 年度以降から「**英検 CSE スコア**」という英検独自のスコアリングシステムにより、合否判定に加え、スコアが表示されるようになりました。それぞれの受験級に応じて合格基準スコアが設けられ、リーディング、リスニング、ライティング、スピーキング（2 次試験のみ）の技能ごとに均等にスコアが配分されています（ライティングテストは 3 級、準 2 級は 2017 年度より導入、4 級、5 級は実施なし）。よって、日頃から **4 技能をバランスよく鍛えること**が**合格の鍵**となります。

英検は大学入試や海外留学に利用できる！

英検資格取得のメリットとしては、「4 技能をバランスよく鍛えることで総合的な英語力向上がはかれる」や「英語能力を証明できる」といったものだけでなく、以下のような様々な利点があります。

1 英検資格を大学入試に利用できる！

近年では英検を始めとした TOEIC, TEAP, TOEFL iBT, IELTS, GTEC などの英語検定資格で特定の級やスコアを有する受験者が、高校、大学入試でこれらを利用できる出願方法が年々広がっています。出願大学によっては級やスコアに応じて各大学が実施する英語の試験を受けずに 80 点、90 点、満点など得点換算の優遇を受けることができ、さらには資格がないと出願すらできない入試方式も出てきています。大学によって点数換算が認定されない資格試験もある中で英検は最も幅広く得点換算が認め

られている資格の一つであり、このような級に応じて点数換算を行う大学は今後も増加することが予想されます。大学の難易度や入試形式にもよりますが概ね2級以上が得点換算の対象となっています。

❷ 海外留学時の英語力証明資格として使える！

近年ではアメリカ、カナダ、オーストラリア、ニュージーランドをはじめとする英語圏の教育機関において入学条件の一つである英語力の証明として TOEFL や IELTS だけでなく英検が認められています。つまり、英検資格取得によって新たな可能性を開く海外留学につながると言ってよいでしょう。

英検 2 級は中級者の証明

まずは英検2級の概要について確認しておきましょう。英検2級受験者のレベルの目安としては高校3年生（高校卒業程度の英語力を有する者）が主な対象となるでしょう。試験内容を見ても全般的に高等学校で学習する語彙、文章レベルで英語学習中級者になるための入り口となる試験、つまり英語力の基礎となる要素が凝縮された級が英検2級と言えるでしょう。

次に **CEFR**（**セファール：**欧州を中心に広く活用されている語学力のレベルを示す国際標準規格）に照らし合わせて英検の世界的な位置づけを確認しておきましょう。

CEFR	英検	レベル
C2	―	ネイティブレベルに近い熟練者
C1	1級	優れた運用能力を有する上級者
B2	準1級	実務ができる準上級者
B1	2級	習得しつつある中級者
A2	準2級	学習を継続中の初級者
A1	3級、4級、5級	学習を開始したばかりの初学者

目安として、C2 はネイティブレベル、A1 は初級者から自分の趣味など身の回りのことに関して簡単にやり取りができる程度のレベルです。そこで2級を見てみると B1 となっており、この **B1** の定義を抜粋して引用してみると「仕事や学校、余暇において頻繁

011

に遭遇する身近な事柄について要点を理解することができる」「学習している言語が使われている地域を旅行した際に起こりうるほとんどの状況に対処できる」「身近な話題や関心のあるトピックについて簡単な意見を書くことができる」「経験や出来事、夢、希望や目標について話すことができ、自身の意見や計画についての理由や説明を簡潔に述べることができる」となっています。つまりこの B1 が英語技能の土台となる英語力を示す指標と言えます。

新傾向 2 級はライティング攻略が決め手!

　2016 年度の「英検 CSE スコア」導入と、英検 2 級の試験内容の変更により、ライティングテストの重要性が極めて高くなりました。1 次試験における英検 2 級の配点を見てみると、各技能（リーディング、ライティング、リスニング）の満点スコアはそれぞれ **650 点**、よってトータルで **1950（650 × 3）点**満点、そして合格点は 1520 点と決まっています。つまりいくら 2 技能（リーディング、リスニング）の点数が良くても、ライティングセクションでも一定の点数を取らないと合格点には届かないことがおわかりいただけると思います。このことから、**英検 2 級合格のためには「ライティング力アップが不可欠」**ということが言えます。本書に取り組むことで基礎〜応用に至るまで総合的なライティング力をグーンとアップすることができ、合格により一層近づくことができます。

エッセイライティング問題とは?

　ではここからは英検 2 級で出題されるエッセイ問題について見ていきましょう。2 級では 2016 年度第 1 回 実用英語技能検定（6 月実施）から 1 次試験でライティングが導入され、自身の意見を発信する力が求められる試験となりました。これは日本語的発想で日本語を英語に訳す翻訳作業でエッセイを書くのではなく、**英語の文章構成に従って論理的に意見を述べる能力が求められる**チャレンジングな内容に変更されたと言えます。よってこれまでの 2 技能（リーディング、リスニング）の対策だけでなく書く力をつけることが必要になりました。エッセイの書き方などについては本書で詳しく取り扱うのでここでは触れませんが、簡単に過去の出題例を紹介しておきます（ここでは日本語

表記にしていますが本番の試験では英語の表記のみです）。

- **2016 年度第 1 回**

    昨今では、社員がジーンズやＴシャツなどのカジュアルな服装の着用することを許可する企業があるが、このような企業は将来増えると思うか。

- **2016 年度第 2 回**

    化学薬品を使わずに果物や野菜を栽培する農家があるが、このような形で栽培を行う農家は増えると思うか。

- **2016 年度第 3 回**

    昨今では多くの日本人がボランティア活動を行っているが、将来このような人は増えると思うか。

　一見シンプルなものも見受けられますが、普段の生活ではほとんど考えないようなトピックではないでしょうか？「**背景知識＋自分の意見＋その根拠となる理由（2 つ）**」が問題攻略に欠かせない要素となることから、普段から様々な分野に目を向け考え、あらゆる分野に対して理解を深めることの重要性がおわかりいただけると思います。

本書ではこのようなライティング問題を攻略するための小手先のテクニックの教授ではなく、適切なエッセイの書き方から、論理的思考力（ロジカルシンキング）、語彙力、文法力、背景知識、攻略法など今後の皆さんの英語学習の基本となる様々な能力を高めるための問題演習やレクチャーを行います。

英検 2 級ライティング　頻出トピックはこれだ！

　2016 年度から英検 2 級の 1 次試験でエッセイライティングが導入されましたが、出題傾向を分析してみると準 1 級や 1 級のエッセイライティング同様に 2 次面接試験と非常に類似したトピックが出題されていることがわかります。そこで、有効な対策として考えられるのが、2 級の 2 次試験で出題されたトピックに焦点を当てて、それらを正確かつ論理的に書けるようにすることです。

■2次試験の出題トピック頻度分析

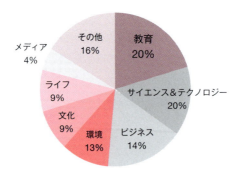

　上に掲載されているグラフは、過去15年にわたって英検2級の2次試験で出題されたトピックの頻度分析をしたもので、中でも特に重要なのが「**教育**」「**サイエンス＆テクノロジー**」「**ビジネス**」「**環境**」の4大分野です。ですので、これらの分野は必ず対策をする必要があります。

　次に2016年に出題された問題を見てみましょう。第1回は「ビジネス」分野で、「職場にカジュアルな服装を着て行くことを許可する企業が増えるかどうか」というテーマでした。

> Today, some companies allow their employees to wear casual clothes like jeans or T-shirts. Do you think the number of such companies will increase in the future? (2016年度 第1回)

　また、2016年度の第2回は「環境問題」が出題され、「化学物質を使わない農法が今後さらに広まるかどうか」を問う問題でした。

> Some farmers grow fruits and vegetables without using chemicals. Do you think more farmers will grow fruits and vegetables in this way? (2016年度 第2回)

　さらに、2016年度の第3回は「教育問題」が出題され、「ボランティア活動を行う日本人が増えるかどうか」を問う問題でした。

> Nowadays, many Japanese people are doing volunteer work. Do you think the number of these people will increase in the future?
> (2016年度第3回)

　いずれも、グラフで示した頻出分野の一つに該当しています。今後も「**教育**」「**サイエ**

ンス＆テクノロジー」「ビジネス」「環境」の 4 大分野を中心として、出題される可能性が
非常に高く、いずれの分野も近年話題になっているテーマがよく出題されます。日常的
に新聞やニュースには目を通し、時事問題の知識や洞察を深めると共に、常に自分の意
見も考えておくようにしましょう！

英検 2 級の採点基準とは？

　それでは問題に取りかかる前にどのような基準でエッセイの採点が行われるかを確認
しておきましょう。日本英語検定協会が公開しているライティングテストの採点方法によ
ると、採点は「内容」「構成」「語彙」「文法」の 4 項目について行われます。これは 2 級
だけでなく、準 1 級、1 級でも同じです。

① 内容
　問題に適切に答えており、主題に沿った内容になっているか。また、関連性のある具
体的な例が示されているかどうか。

② 構成
　英文全体の流れが自然で、読み手にわかりやすい文章を書けているかどうか。特に
文同士のつながり（一貫性）が重要。

③ 語彙
　単語や表現を正確に使えているか。また、トピックに関連した語彙を適切に運用で
きているか。特に同じ語彙や表現を何度も繰り返すことがないように注意が必要。

④ 文法
　文法を適切な場面で正確に運用できているかどうか。特に時制、主語と動詞の一
致、冠詞、仮定法などの項目に注意。

　特に注意すべき点は①の「内容」で、問題のトピックとは全く関係のないことを書く
と、0 点となることもあるので注意が必要です。また、この①の「内容」と同様に重要
なのが②の「構成」で、これはらは、自分一人ではではなかなか修正できない項目です。
　それではこの「内容」がまずい例と「構成」がまずい例をそれぞれ見てみましょう。

015

例題

Today, many high schools in Japan offer study abroad programs.
Do you think that more schools will introduce this kind of program in the future?

[訳] 今日、日本の多くの高等学校で留学プログラムを採用している。
将来はこのようなプログラムを導入する学校が増えると思うか。

では以下の2つの解答例の問題点、特に①の「内容」と②の「構成」に注目してください。

▶ ① 「内容」が悪い解答例

I think so. There are two reasons for this.
First, students can have a great time because they can go shopping with their host family and swimming in the beach. I get a chance to talk with local people, buy something and enjoy beautiful beaches.

▶ ② 「構成」が悪い解答例

I don't think so. I have two reasons.
First, schools can get more students. Many students want to study English to improve their English. However, it's important for them to choose schools that match their interest.

これは実際に生徒が書いたエッセイに少し修正を加えたもので2つの解答例は語彙や文法のミスは多くありませんが「内容」と「構成」の問題点に気づきましたか?

①は、「留学を推進する学校が増えるか」と問われているのに、「ホストファミリーとショッピングすることやビーチで泳ぐことを楽しめる」という的外れの答えになっています。これは「留学の推進」と関係ないだけでなく、また最後のI can have a chance to ~. と**個人的な「内容」を書いているので説得力がありません**。つまり、できる限り**一般的で、客観的**な主張を書くことが重要なのです。

②は、「学校がより多くの生徒を獲得できる」→「多くの生徒が英語力を向上させるために英語を勉強する」→「しかしながら、自分の興味にあった学校を選ぶことは重要だ」と文章のつながりがなく、構成がばらばらです。②は、内容的にも問題があります。この問題の主題は「学校」ですが、「生徒」に焦点を当てており、トピックから逸れてしまっています。

「**主題に沿った一貫性のある**」**エッセイ**にするためには書き終えた後に、問題と照らし合わせて「**主題から逸れていないか**」「**文と文が論理的につながっているか**」を常にチェックする必要があります。

キーアイディアとサポートの書き方を完全マスター！

次にエッセイの基礎となる**構成方法**、そして**キーアイディアとサポートの書き方**をマスターしましょう。英検 2 級のエッセイは以下の流れで書き進めていきます。

■ 文章の基本構成

イントロダクション（Introduction：導入）
　► 問いに答える（Yes ／ No や I think ／ I don't think など）
キーアイディア（Key idea）
　► イントロダクションの答えの根拠となる理由や主張
サポート（Support）
　► キーアイディアを証明するための具体例

スピーキングでも同じですが、この展開方法をマスターしていないと、欧米人にとって理解し難い不自然な文章の構成になってしまいます。特に「キーアイディア」と「サポート」については多くの受験者が混同しているので注意が必要です。まずはウォーミングアップとして次の例題でキーアイディアとサポートの違いをマスターしておきましょう。ではまずはシンプルな例題から始めます。

例題

What is your favorite restaurant?
［訳］一番好きなレストランはどこですか。

▶ 解答例

①It's a Japanese restaurant called Sakura ②because they have delicious food and excellent service. ③ It offers fresh seafood, and its waiters are polite and friendly.

017

[訳] ① 桜という日本食レストランで ② なぜならおいしい料理と素晴らしいサービスを楽しめるからです。③ そこでは新鮮なシーフードが出され、店員も礼儀正しくフレンドリーです。

いかがですか? 適切な話の展開の方法はつかめましたか? まず①が質問に対する答えで、②がその大まかな理由（キーアイディア）です。そしてその②の理由の具体的な内容（どんなおいしい食べ物か、どんなサービスか）としてサポートを③で述べています。英語では常に **General to specific（抽象から具体へ）** が基本となるのでポイントを端的に述べてから展開していくことが重要なポイントとなります。

では次は少しレベルを上げてもう一つ例題を見ていきましょう。次はエッセイ形式の問題になっています。特にキーアイディアとサポート、そして「**抽象→具体**」の流れに注目して読み進めてください。

例題

Which do you like better, studying at home or in the library?
[訳] 家で勉強するほうが好きか、図書館で勉強するほうが好きか。

▶ **解答例**

①I prefer to study in the library for the following two reasons.
②**First, I can concentrate on my work in a quiet environment**.
③I tend to lose concentration at home because there are many distractions, such as comic books and computer games.
②**Second, there are huge number of resources for research in the library**. ③When I want to do some research on my assignment, I can find a great deal of information from millions of books and DVDs available there.

表現力をUPしよう!

- □ concentrate on ～ ～に集中する = focus on
- □ lose concentration 集中力がなくなる □ distraction 気が散るもの
- □ huge かなりの □ resource（情報の）供給源 □ a great deal of ～ 非常に多くの～

[訳] ①私は以下の２つの理由から図書館で勉強するほうが好きです。
②１点目は、静かな環境で自分の課題に集中できるからです。③家には漫画やコンピュータゲームなどの気が散るものがたくさんあるので集中力がなくなってしまいがちです。
②２点目は図書館にはリサーチのための膨大な数の資料があるからです。③課題のリサーチをしたいときには膨大な数の本やDVDから多くの情報を得ることができます。

018

いかがですか? 大まかなエッセイの構成はつかめましたか? それでは詳しく見ていきましょう。

まず①でイントロダクション（導入）として問いに対する答えを提示した後に「（以下の）2.つの理由で」 **for (the following) two reasons** と2点理由を述べますよというサインを示しています。英検2級のライティングでは問題文に「あなたの意見とその理由を2点書きなさい」とあることから、これが非常に重要な要素になります。また、それぞれキーアイディアを述べる際は **First(ly), Second(ly)** や **The first reason is that ~. Another reason is that ~.** のように **signpost（目印となる表現）** を忘れずに書くようにしましょう。

次に First、Second 以下それぞれ②がキーアイディア、③がそのサポートとなっています。②でまず「図書館で勉強するほうがよい理由」をそれぞれシンプルに述べ、③でその根拠となる具体例を示しています。これが先に述べた General to specific（抽象から具体）の流れです。注意点としては、**1点目と2点目の理由が重複しないようにする**ことと、**説得力のある論理性のある理由を書くこと**です。英語は日本語よりも「**論理性**」を重視する言語なので常に理由や根拠が求められます。

エッセイライティングの基礎となるキーアイディアとサポートの概要はつかめましたか? 次のステップでは実践問題を用いて英検2級の必勝攻略法を学んでいきます。これまで学んだ適切な文章構成をフル活用してトレーニングに励みましょう!

英検2級のエッセイはこれで完全攻略!

ではここからはより実践的な攻略法を学んでいきます。まず以下の必勝攻略ポイントを確認しておきましょう!

\ 必勝攻略ポイント1 / ── 強いアーギュメント (argument) を2点考えること

アーギュメントとは「何かを証明するための論理的な意見・主張」のことで、英語で意見を述べる際には不可欠です。そしてエッセイライティングで重要な点は「**強いアーギュメントを2つ書くこと**」、つまり一部のケースにしか当てはまらないものではなく、偏りのない強い主張をすることが質の高いエッセイを書き上げる鍵となります。

＼ 必勝攻略ポイント 2 ／ ── 普段から Pro / Con を考えること

Pro とは「メリット」「賛成」、Con とは「デメリット」「反対」を意味し、英語では非常に重要な観点です。物事を考える場合は一方の観点からだけでなく、常に**両方の立場からどのようなアーギュメントが展開できるか**を考えることが大切です。こうすることで様々なトピックに関して明快な主張を展開すること、そして教養を高めることが可能になります。

＼ 必勝攻略ポイント 3 ／ ── 自分の書きたい意見ではなく、書きやすい立場から書くこと

問題によっては自分の書きたい意見で書き進めることが難しい場合もあります。適切な語彙や表現が浮かばないと、時間のロスにつながってしまいますのでアイディアや関連表現が浮かびやすい立場から書き進めるようにしましょう。ただし、**どちらの立場をとるのかを決めずになんとなく書き始めることは NG** です。

必勝フォーマットで徹底攻略！

英検 2 級のエッセイライティングは指定語数が 80 ～ 100 語と比較的短く、その中で理由を 2 点述べる必要があることから、それほど深く話を掘り下げることはできません。逆に言えば、「**一定の型**」をマスターしておけば短時間でまとまった文章を率なく書き上げることが可能です。これは定型文を丸暗記するということではなく、どのような問題パターンが出題されても対応でき、かつケアレスミスや時間のロスを最小限にするための最善の方法とお考えください。では早速、実際の試験と同じ形式の問題を使って「**必勝フォーマット**」を解説します。

例題

- 以下のトピックについてあなたの意見とその理由を 2 つ書きなさい。
- POINTS は理由を書く際の参考となる観点を示したものです。ただしこれら以外の観点から理由を書いてもかまいません。
- 語数の目安は 80 語～ 100 語です。

Most schools in Japan have an original uniform.
Do you think that students should wear school uniforms?
POINTS Cost / Creativity / Study

［訳］ ほとんどの日本の学校には独自の制服がある。
学生は制服を着用するべきであると思うか。
ポイント：費用・創造力・学業

ではこの問題を用いて必勝フォーマットの活用方法を紹介していきます。

ポイント①　書き出しは「問題への回答＋問題文の転写」

まずは問われていることに対して I think か I don't think かを述べ、次に問題文を
それに続けて転写し、最後に for the following two reasons「以下の2つの理由で」
という表現を付け加えます。書き出しは以下のようになります。

▶ **賛成（Pro）の場合**

I think that students should wear school uniforms **for the following two reasons**.

▶ **反対（Con）の場合**

I don't think that students should wear school uniforms **for the following two reasons**.

ポイント②　最後は「For these two reasons, ＋書き出しの文」

理由を First、Second と述べた後に最後に For these two reasons「これら2つ
の理由から」と書き、最後に簡単に要約をして終わります。

このように2つのポイントをマスターするだけで、アイディアを考えることに十分な時
間をかけることができるようになります。何度も繰り返し練習して本番ではすらすらと書
けるようにしておきましょう。

では最後にキーアイディアを考えていきましょう。解答例を見る前に制服着用のメリット
（Pro）、デメリット（Con）を考えてみてください。

では以下に解答例を示します（Pro: 制服を着用するべきだという立場から）。それぞ
れ②と③のキーアイディアとサポートに注目して読み進めてください。

モデル・エッセイ

賛成の意見

①I think that students should wear school uniforms for the following two reasons.

②**First**, school uniforms develop students' sense of discipline and belonging to a community. ③By wearing the same dress, they can learn the importance of following school rules, showing respect for authority and working together with their peers.

②**Second**, uniforms can reduce the cost for parents on their children's clothing. ③Many low-income families cannot afford their children new clothing every season, but parents do not have to worry about it if schools have their own original uniforms.

For these two reasons, students should wear school uniforms.

表現力をUPしよう！

□ a sense of discipline 自制心　□ a sense of belonging 帰属意識
□ follow school rules 校則に従う
□ show respect for authority 権威に敬意を示す　□ peer 仲間
□ reduce the cost 費用を減らす　□ low income-family 低所得の家庭

[訳] ①以下の2つの理由から学生が制服を着るべきだと思います。
②1点目の理由として、制服は生徒の自制心と集団への帰属意識を養います。③同じ制服を着ることで彼らは校則に従い、権威に敬意を示し、仲間と協力することの大切さを学ぶことができます。
②2点目の理由として、制服によって親が子供の服にかける費用を減らすことができます。③多くの低所得の家庭はシーズンごとに子供に新しい服を買う余裕はありませんが、学校独自の制服があることでそのような心配をする必要がありません。これら2つの理由から、生徒は制服を着るべきだと思います。

　いかがでしょうか？ それぞれFirst、Second以下の②のキーアイディアから③のサポートへの展開はつかめましたか？ ②のアイディアに関する具体例が③で提示されていることがわかると思います。②を例証するためには常に具体例を考えることが大切です。

　お疲れ様でした！これでエッセイの作成トレーニングは終了です。次はライティングで非常に多い「**文法と語法のミス**」を特集して取り上げます。エッセイライティング攻略の鍵は「**内容・構成**」と「**文法・語法**」のレベルアップです。準備はいいですか？ では気合を入れてどんどんまいりましょう！

022

Chapter 2

ライティングで絶対に犯してはいけない文法・語法のミスTop50

ここからはライティング試験で間違いやすい文法と語法（単語や表現の使い方）のミスを見ていきましょう。ただし、単にミスを確認するのではなく、「**なぜそれが誤っているか**」、そして「**どのように改善すれば正確になるか**」という2つの視点から踏み込んで読み進めましょう。まずは極めて頻度が高い10のミスです。

✕ 間違いランキング　**1**位

> ✕ **Because S V 〜 .** の単独使用は不可！
> → ○ 前の文（主節）と合体して文を完結させよ！

エッセイ指導を今まで20年以上してきましたが、英語学習者の間で非常に多いのがこのミスです。because は「**接続詞**」であり、必ず文と文をつなぐ役割を果たすので、**Because S V.** だけで使うことはできません。ぜひ気をつけてください。

- ✕ Many young people today live with their friends in apartments. **Because** they can share the rent and the costs of living.
- ○ Many young people today live with their friends in apartments **because** they can share the rent and the costs of living.
  （家賃や生活費を節約できることから、今日多くの若者がアパートで友人と一緒に住んでいる）
  ＊ share the rent and the costs of living 家賃や生活費をシェアする

ただし、This / It is mainly / probably because S V.「これは / それは（主に / おそらく）S V だからだ」のように This is や It is の後につけることで表現することは可能です。

- ○ Many young people today live with their friends in apartments. **This is mainly because** they can share the rent and the costs of living.

中学などで、以下のような Because S V. で答える会話練習をしたことがある、とおっしゃる方もいるかもしれません。

A: Why do you study English?
B: Because I want to work in Australia.

しかし、B の文は、(**I study English**) because I want to work in Australia. のように前半の S V が省略された形です。これは、ライティングでは不正確とみなされるので十分な注意が必要です。

024

✗ 間違いランキング 2位

> ✗ **For example** の後に名詞（句）の羅列のみは不可！
> → ○ SV の揃った文になっているか確認を！

これも非常に多いミスです。for example / for instance は例を挙げる際に用いられますが、for example の後に、例として**名詞を並べることはできません**。以下のような文は誤りです。

✗ The university offers many courses in various fields. ~~For example~~, politics, education and medicine.

名詞を列挙する場合は **such as** や **including** を用いると正しい英文になります。

○ The university offers many courses in various fields **such as** / **including** politics, education and medicine.
（その大学は政治学、教育学、医学などさまざまな分野で多くのコースを提供しています。）

For example / instance, を使う場合はＳＶを従えなければいけません。

○ The average apartment rent in Japan varies from place to place. **For example**, you usually have to pay about 60,000 yen per month in Tokyo.
（日本のマンションの平均家賃は場所によって異なります。例えば、東京では通常、月に６万円が必要になります）　＊vary from A to A：Aによって異なる

✗ 間違いランキング

however（しかしながら）は接続詞としては使えない！　よって、
✗ 文 , however SV ～は不可
→ ○ 文 . However, SV ～　または　○ 文 , but SV ～が正解！

however は（接続）副詞なので文をつなげることはできず、通常は文頭か主語の後に用います。文と文を逆説の接続詞でつなぐ場合は **but** か **yet** を用います。

✗ Using solar power as an alternative energy source is a good idea, ~~however~~ there seem to be some problems.

○ Using solar power as an alternative energy source is a good idea, **but** / **yet** there seem to be some problems.

（太陽エネルギーを代替エネルギーとして使うことは良い考えだが、いくつか問題があるように思われる） ＊alternative energy source 代替エネルギー資源

同様に **therefore** も（接続）**副詞**なので、文をつなぐことはできません。接続詞でつなぐ場合は so を用います。

- Playing outside improves children's health, [❌ therefore / ⭕ **so**] parents and schools should encourage them to do a wide variety of outdoor activities,
  （外で遊ぶことは子供の健康を増進する。それゆえに親や学校は子供が様々な野外活動をするように仕向けるべきである） ＊a wide variety of ～ 様々な～

❌ 間違いランキング

> ❌ [because of / due to / despite / in spite of] S V. は不可！
> → ⭕ [because of / due to / despite / in spite of] +名詞（句）が正解！

これも非常に多いミスです。because of の後には「文（S + V）」でなく「句」がくることを、頭に叩き込んでください！　これら4つの表現は**前置詞として働くので節（S V）を従えることはできません。**

because は SV を従えることができますが、because of ～ / due to ～（～が原因で）は **because of / due to S V** とすることはできないので**名詞（句）**を用います。

- ❌ The train was delayed ~~because of / due to~~ it rained heavily.

よってこれらの表現は以下のように使い分けましょう。

- ⭕ The train was delayed **because** it rained heavily.
  （because を用いる場合）
- ⭕ The train was delayed **because of** / **due to** heavy rain.
  （because of / due to を用いる場合）

同様に despite (=in spite of) ～（～にもかかわらず）も SV を従えることはできないので以下のような誤りにも注意しましょう。

- ❌ The companies failed to reach an agreement ~~despite / in spite of~~ they made all their efforts.
- ⭕ The companies failed to reach an agreement **despite** / **in spite of** all their efforts.
  （懸命な努力もむなしく、両社は合意に至らなかった）

「Ｓ Ｖするにもかかわらず」のように節で表現する場合は **although / though** を用います。

- The companies failed to reach an agreement **although / though** they made all their efforts.

✕ 間違いランキング 5位

> ✕ 比較構文：異なるカテゴリーを比較するのは間違い！
> → ◯ 2つの比較対象カテゴリーをそろえよ！

「比較級」は **同じカテゴリーのものを比較**しなければいけませんが、異なるカテゴリー同士を比較するミスが多発しています。例えば「日本の気候はロシアの気候よりも温暖だ」を英語に訳そうとして、下記のような英文にすると、典型的な間違い、ということになってしまいます。

✕ The climate of Japan is milder than Russia.

この文は「**日本の気候**」と「**ロシア**」を比べており、比較のカテゴリーが異なっています。正しくは「**日本の気候**」と「**ロシアの気候**」を比べなければなりません。

◯ The climate of Japan is milder than **that** of Russia.

that は climate の**繰り返しを避けるための代名詞**です。主語が複数になる場合は those となります。

- Most classes offered by private universities are better than **those** (offered) by public universities.
  （ほとんどの私立大学の授業は公立大学の授業よりも良い）

この場合の those は classes を指します。

✕ 間違いランキング 6位

> ✕ 文頭の **And / But** は使用不可！
> → ◯ 前文と , and や , but で合体すると正解！

and / but は文と文をつなぐ役割を果たす**接続詞**なので、And / But S V. とすることは原則不正確です。中には And / But の文頭での使用をよしとするネイティブスピー

カーもいますし、雑誌や新聞でもこのような用法も見られますが、英検をはじめとした各種英語資格検定試験ではこの使い方は避けるようにしましょう。

- ❌ Today, humans are damaging the environment. ~~And~~ this has caused a lot of environmental problems.
- ⭕ Today, humans are damaging the environment, **and** this has caused a lot of environmental problems.
（今日、人間は環境を破壊しており、そしてこれにより多くの環境問題が引き起こされている）
- ❌ Increasing the number of security cameras may be the best way to reduce crime. ~~But~~ I disagree with this idea.
- ⭕ Increasing the number of security cameras may be the best way to reduce crime, **but** I disagree with this idea.
（監視カメラの数を増やすことが犯罪を減らす最善の方法かもしれませんが、私はこの考えには反対です）

❌ 間違いランキング 7位

> ❌ almost ＋名詞は不可！
> → ⭕ almost ＋形容詞／副詞が正解！

　almostは「形容詞」や「動詞」を修飾する「副詞」なので「名詞」を修飾することはできません。almostの覚え方は「ほとんど」ではなく、「**何かを達成、完了する一歩手前**」と覚えておきましょう。では「ほとんどの日本人」を英語にするとどうなりますか？

- ❌ **Almost** Japanese people ….
- ⭕ **Almost all** Japanese people ….

では次の文はどういう意味でしょうか？

- I **almost** died in the accident.
   - ❌「私はその事故でほとんど死んだ」
   - ⭕「私はその事故で死にかけた（死ぬ一歩手前だった）」

　では最後にThere were **almost** 100 people at the meeting.はどういう意味でしょうか？ 厳密に言うとalmostは「**およそ、約**」ではなく **100の手前**なので、「その会議には100人近くの人がいた（100人には満たない）」となります。またalmostの同義語として **nearly** / **practically** / **next to** の3つは覚えておきましょう。

- It is **almost** / **nearly** / **practically** / **next to** impossible to fully protect computers from viruses.
  （ウイルスからコンピュータを完全に守ることはほぼ不可能だ）

✕ 間違いランキング

「できた」に could を用いてはいけないケースがあるので要注意！

could は can の過去形だから could = できた、と認識していると could を誤用してしまう恐れがあります。例えば以下の日本語を見てください。

① 数学のテストで満点を取ることが**できた**。
② なんとか終電に乗ることが**できた**。
③ その会社は A 社と新しい雇用契約を結ぶことが**できた**。

3 文とも「できた」= could と機械的に訳してはいけません。**could は「過去に持っていた能力」**つまり、「その時（しようと思えば）**できた**」という**事実**を表し、一回きりの動作には使えないからです。よって①を次のように表現することはできません。

✕ I could get a full mark in the math test. → 1 回きりなので×

could を「できた」として用いる場合は必ず**過去を表す副詞句（last month, at the age of ten など）や副詞節（when I was young など）が必要**です。

⭕ My sister **could** walk when she was ten months old.
（妹は 10 か月で歩くことができた）

ですので、「〜できた」を表現するとき、単に事実を述べる場合は**「過去形」や was able to** で、「頑張って何とかできた」という場合は **manage to do** を、「成功した事実」を強調したければ **successfully ＋過去形**で表現するとよいでしょう。

①〜③の英訳例は下記のようになります。

① I **got** a full mark in the math test.
② I **managed to** catch the last train.
③ The company **successfully won** a new employment contract with Company A.

ただし、否定文にする場合は could not を用いて「できなかった」と表現することが可能です。

- I couldn't find the lost watch.
  （なくした時計を見つけられなかった）

✕ 間違いランキング 9位

⊠ 「～について議論する」を discuss about the problem は不可！
→ ⊙ discuss the problem が正解！

discuss は他動詞なので直接目的語をとることから前置詞は不要です。例えば「その事柄について議論する」は

⊠ discuss about the issue
⊙ discuss the issue

ただし discussion のように名詞として使う場合は前置詞 about が必要です。

[例] We had **a discussion about** the issue yesterday.
（昨日その事柄に関して議論を行った）

✕ 間違いランキング 10位

⊠ Tourists will increase ～は不可！
→ ⊙ The number of tourists increases ～が正解！

increase（増加する）、decrease（減少する）を使う場合の主語は人や物ではなくそれらの number（数）や amount（量）となります。

この主語と increase / decrease の不一致は非常に頻繁に見られるミスです。

⊠ Overseas tourists to Japan are projected to increase in the future.

この場合増えるのは旅行者の数なので主語を訂正しなければいけません。

⊙ **The number of** overseas tourists to Japan is projected to increase in the future.
（外国人旅行者は将来増加することが予測される）
＊ be projected to ～ ～することが予想される

030

ですので increase / decrease を用いる際は忘れずに主語のチェックを行いましょう！！

いかがですか？一見すると基本的な項目ばかりですが、これらのミスは英検準 1 級、しいては 1 級受験者も犯しやすいミスなので要注意です。何度も読み返してしっかりと体に染み込ませてケアレスミスをなくしていきましょう！

✕ 間違いランキング

> ✕ during S V は不可！
> → ○ during ＋名詞（句）か while S V が正解！

during は「前置詞」なので **SV のように節をとることができません**。よって正しくは **during 名詞（句）** とするか、「～が…する間」と言いたい場合は **while S V** とします。以下の例で用法の違いを確認しておきましょう。

- ✕ My sister visited me **during** <u>I was staying</u> in London last summer.
- ○ My sister visited me **during** <u>my stay</u> in London last summer.
  [during を用いた場合]
- ○ My sister visited me **while** I was staying in London last summer.
  [while を用いた場合]
  （姉は去年の夏私がロンドンに滞在している間に私を訪ねてきた）

✕ 間違いランキング

occur と happen を受身で使ってしまうミスに注意！
> ✕ The accident was occurred [was happened] は不可！
> → ○ The accident occurred [happened] が正解！

両者ともに自動詞で用い受身にはできないので使い方に要注意です。

① It's impossible to predict what will (✕ be happened / ○ **happen**) in the future.
（未来に何が起こるかを予測することは不可能だ）

② The Great East Japan Earthquake (✕ was occurred / ○ **occurred**) in 2011.
（2011 年に東日本大震災が起こった）

031

似た意味を表す **take place**（事前に予測、準備されていることが起こる）も受動で
はなく能動的に用います。

③ In Japan, major economic changes **took place** in the 1960s.
（日本では 1960 年代に大規模な経済変化が起こった）

間違いランキング **13** 位

provide with と **provide for** の混同に要注意！

「人に物を供給する、与える」は［provide **物 for 人**］または［provide **人 with 物**]
のようになります。

例えば「日本にある多くのホテルは質の高いサービスと施設を提供しています」は、
以下の 2 種類の表現方法が可能です。

① Many hotels in Japan **provide** excellent services and facilities **for**
their guests.
② Many hotels in Japan **provide** their guests **with** excellent
services and facilities.

また、provide の主語になるのは通常、個人ではなく、政府、学校、企業、病院、ホテ
ルなどの機関や施設です、個人を主語にする場合は provide ではなく give を用いて表
します。

① Parents should [❌ **provide** / ⭕ **give**] their children the
opportunity to plan their future by themselves.
（親は子供が自分の将来について自ら計画できるような機会を与えるべきである）
② Governments should [⭕ **provide** unemployed people with / ⭕ **give**
unemployed people] the opportunity to receive job training so
that they can get a job.
（政府は失業者に就業できるように職業訓練を受ける機会を与えるべきである）

間違いランキング **14** 位

❌「起こりえないこと／実現可能性が低い事実」を直説法で述べてしまうミス
→ ⭕ 仮定法過去（完了）で述べるのが正解！

「起こりえないこと」「実現の可能性が極めて低い事実」を表現する際には、仮定法

過去（完了）を使う必要がありますが、これを直説法で表現してしまうミスが多く見られます。以下の例文をご覧ください。

- ❌ Without cars, it **will** be practically impossible for many people living in remote areas to have a normal life.
  （車がなければ遠隔地域に住んでいる人たちの多くは通常の生活を送ることはほぼ不可能だろう）
  ＊ remote areas 僻地　practically(= almost) impossible ほぼ不可能

現実的には、**車がなくなることはありえない**にもかかわらず、will を用いる（直説法）と、起こる可能性があることを示唆してしまいます。実際に起こりえない事象は will を **would** に変え、仮定法過去を用いて表しましょう。

- ⭕ Without cars, it **would** be practically impossible for many people living in remote areas to have a normal life.

このように、if を使う場合は、**実現可能か不可能か**、**現実的か非現実的か**という点を常に確認するようにしましょう。

✕ 間違いランキング

the number of 〜 と a number of 〜 との混同に要注意！

前者は「**〜の数**」、後者は「**多くの〜 (= many)**」という意味です。

また、意味の違いだけでなく、主語の扱い方（単数か複数か）も異なります。The number of 〜は**単数扱い**、a number of 〜は**複数扱い**となります。また、どちらの表現も〜の部分は**可算名詞**が来ます。

- The number of obese children (⭕ **has** / ❌ **have**) greatly risen in the U.S. over the last few decades.
  （ここ数十年で肥満児の数はアメリカで大幅に増加した）
  ＊ obese children 肥満児　over the last few decades ここ数十年で
- **A number of** university students (⭕ **choose** / ❌ **chooses**) to live with their parents to save money.
  （お金を節約するために実家に住むことを選ぶ大学生が多い）

033

✕ 間違いランキング 16位

「最近は」を表す表現 recently / lately / these days / nowadays の使い方
に要注意！

recently / lately / these days / nowadays を使う際は時制に注意が必要です。

まず **these days / nowadays は現在形、あるいは現在進行形（動作動詞のみ）で**
用います。この2語は「昔とは違って今は」という対比の強い表現です。

- **Nowadays**, most kids prefer computer games to reading.
  （最近はほとんどの子供が読書よりもコンピュータゲームを好む）
- Many people do their shopping on the Internet **these days**.
  （最近ではインターネットで買い物をする人が多い）

一方、**recently は現在完了形（進行形）か過去形と、lately は主に口語での使用頻
度が高く現在完了（進行形）**とともに用います。

- **Recently**, the quality of frozen food has greatly improved.
  （最近では、冷凍食品のクオリティは大幅に向上した）
- The weather has been terrible **lately**.
  （最近はずっと天気が悪い）

また、類似表現の **currently** には「まさに今進行中」という**現在を強調**したニュアン
スがあります。

✕ 間違いランキング 17位

✕ 理由や例の列挙で「まずはじめに」を at first としてしまうミスに要注意！
→ ◯ Firstly, 〜 / First, 〜 が正解！

at first は「始めのほうは（〜だが後半では…）」という含みを持ち、**その後で状況が
変化すること**を表し、**状況の変化を対比**する際に用います。以下の添削例文をご覧くだ
さい。

- There are two reasons why high school students should do
  volunteer work. ✕ ~~At first~~, students can learn the importance of
  teamwork.
  （高校生がボランティア活動をするべきであるという理由は2つあります。**まずひとつ目は**チームワー
  クの重要性を学べることです）

いくつかの理由や例を列挙する際に「まずはじめに」としたい場合は at first ではなく **first、firstly、in the first place** のような表現を用います。

同様に at last も使い方に注意が必要で、意味も「最後に」ではなく、「**ついに**」「**ようやく**」という達成感や喜びを表す意味になるので、いろいろと議論した後に「最後に」と言いたい場合は、**finally** や **lastly** を用いるようにしましょう。

✕ 間違いランキング **18**位

> ❌「〜した」を自動的に過去形で書いてしまうミス！
> → ⭕「今現在も」という含みがあれば現在完了形を使うのが正解！

添削をしていて非常に多くみられる時制のミスがこれです。「〜した」という日本語につられて現在完了形と過去形の用法を誤ってしまう傾向があります。

例えば「晩婚は昔に比べると一般的になった」という文を

❌ Late marriage **became** more common than in the past.

のように過去形にしてしまいがちですが、**過去形はあくまで過去の動作**に関してのもので、現在については言及しません。しかし、晩婚が一般的な状況が現在も続いていると考えられるので、正確には現在完了を用いて以下のように書かなければいけません。

⭕ Late marriage **has become** more common than in the past.

また、過去形は文脈が明確でない限り、**過去を表す副詞句や節（last night / in 1990 / when I was a child など）が必要**となります。ですので「今現在も」という含みがある場合は現在完了形を用いて表現するようにしましょう。

✕ 間違いランキング **19**位

> **until と by の使い分けミスに要注意！**

これは「〜まで」という日本語につられて混同してしまう間違いです。**until は「動作の継続」、by は「完了の期限」**を表します

- I was at home **until** eight.
  （8時までずっと家にいた）→ 継続
- I have to finish the task **by** eight.
  （その課題を8時までに終えなければいけない）→ 期限

ちなみに似た表現で **by the time S V（S が V するまでには）** がありますが、by（＋句）とは異なり**節（S V）を従える**ので注意しましょう。

- Children should be taught to be able to tell right from wrong **by the time** they graduate from elementary school.
  （子供は小学校を卒業するまでに善悪の区別がつくように教育されるべきである）
  ＊ tell right from wrong 善悪の区別をつける

✕ 間違いランキング 20位

> ✕「～ではないと思う」は I think (that) S (don't / doesn't) V が原則不可
> → ○ I don't think (that) S V が正解！

これはスピーキングでもよく見られるミスで、日本語につられて間違えてしまうパターンです。日本語と異なり、否定文を作る場合は英語では I don't think のように**先に否定**が来るので注意しましょう。

- ✕ I think (that) restaurants should not completely ban smoking.
- ○ I **don't** think (that) restaurants should completely ban smoking.
  （レストランは完全に喫煙を禁止すべきではないと思います）

コロケーションとは？

コロケーション (collocation) とは「語と語の自然なつながり」を意味し、語学学習では非常に重要なポイントです。例えば日本語では「風邪を引く」は自然な日本語ですが、「風邪を引っ張る」は不自然かつ誤った表現です。英語でも、例えば「スピーチをする」は play a speech ではなく **make a speech**、「良い知らせ」も nice news ではなく **good news** となります。よって語彙学習では常にどの単語がどの単語と相性がよいか、結びつきが強いか、という点に注意しながら語彙力アップに努めましょう！

では続けて 21 位〜 30 位です。はりきってまいりましょう！

✕ 間違いランキング 21位

> ✕「チャレンジする」という意味で **challenge** を用いないよう要注意！
> → ○ **try** が正解！

英語の challenge は動詞で使うと「**異議を唱える**」「**疑問を投げかける**」という意味なので日本語の「チャレンジする」と全く異なる意味になります。多くの場合は **try に換える**ことで自然な英語になります。

- ❌ It is important to **challenge** new things even after you have achieved a great success.
- ⭕ It is important to **try** new things even after you have achieved a great success.
（すばらしい成功を収めた後であっても、新しいことにチャレンジすることが大切です）

また challenge を名詞で用いると「**課題**」「**困難**」、また、challenging とすると「**大変だがやりがいのある**」という意味になります。次の例でその違いをマスターしておきましょう。

- Climate change is one of the most serious **challenges** facing us today.
（気候変動は我々が今日直面している最も深刻な課題の一つである）

challenge（課題、困難）の頻度の高いコロケーションとしては [**tackle（取り組む）** / **overcome（乗り越える）** / **handle（対処する）**] the challenge などがよく用いられます。

- Working abroad as a volunteer is a **challenging** job.
（海外でボランティアとして働くことは、大変な仕事だ）

challenging（大変な）の頻度の高いコロケーションとしては **a challenging task** / **work** / **question** などがあります。

✗ 間違いランキング

> A [such as / including / like] B の文で A と B のカテゴリーが同じか常に確認せよ！

A [such as / including / like] B を用いる場合は **A の中に B が含まれていなければいけません**。以下の文で使い方の問題点を見てみましょう。

- ❌ Studying abroad will be a valuable experience, **such as** culture and history.
（留学は貴重な経験となります。例えば文化や歴史などです）
- ❌ Children should be educated at an early age, **including** patience and consideration towards others.
（子供は幼少期から教育されるべきで、例えば忍耐力や他人への思いやりです）

問題点に気づきましたか？　上の文では culture（文化）や history（歴史）は **a valuable experience（貴重な経験）のカテゴリーには含まれません**し、下の文も同様に **patience（忍耐力）や consideration towards others（他人に対する思いやり）が属するカテゴリーがありません**。このように日本語で考えると可能に見えても英語では不自然な文章になってしまいます。では、リライトした such as / including の正しい使い方を見てみましょう。

🔘 Studying abroad will teach you many **valuable things**, **such as** cultural diversity and local history.

（留学をすることで多くの貴重なこと、例えば文化の多様性やその土地の歴史などを学ぶことができます）　＊cultural diversity　文化的多様性

→ valuable things の中に such as 以下が含まれています。

🔘 Children should be educated at an early age to have important **qualities**, **including** patience and consideration towards others.

（子供は幼少期から重要な性質を持つように教育されるべきです。例えば忍耐力や他人への思いやりです）

→ qualities の中に patience と consideration towards others が含まれます

✕ *間違いランキング* **23**位

> 不可算名詞を複数形にしてしまうミスに要注意！
> ❌ give me a lot of [advices（助言）/ informations（情報）] は不可！
> → 🔘 give me a lot of [advice / information] が正解！

　不可算名詞（数えられない名詞）を複数形として書いてしまうミスは非常に多く、特に間違いの多い単語は以下のものが挙げられます。これらは複数形にできないので注意しましょう。

equipment（道具）/ news / advice / work（仕事）/ information（情報）/ feedback（意見）/ progress / traffic / staff /accommodation（住居）/ research / transportation（交通）/ infrastructure（インフラ）/ entertainment / support / food / behavior / training / access

　覚え方としては「目に見える」「絵に書ける」「触れることができる」ものは可算名詞、それができないもの、つまり「抽象名詞」や「物質名詞」は不可算名詞、となります。ま

た、主に**集合名詞（総称を表す名詞）**は数えることができないので a/an が付いたり、複数形になることはありません。例えば furniture（家具）は椅子や机などの総称を表す不可算名詞の代表例です。以下にいくつか集合名詞の例を挙げておきます。

police / cattle（牛）/ poetry（詩）/ jewelry（宝石類）/ clothing（衣類）/ machinery（機械類）/ merchandise（商品）/ baggage, luggage（荷物）

ただし意味によって数えることができる名詞も存在します。その代表例が work で「仕事」を意味する場合は不可算名詞ですが、「**作品**」を意味する場合は可算名詞として扱うことができます。「仕事」は見えたり触れることはできませんが、「作品」はそれができるからです。

- Shakespeare's works（シェークスピアの作品）

また、equipment / news / advice / work / information は **a piece of** ~ を用いて数えることが可能です。

- three pieces of equipment（3つの道具）

✕ **間違いランキング 24位**

「**動詞＋動名詞（~ ing）**」と「**動詞＋ to 不定詞**」の混同に注意！

どのような動詞がそれぞれ**動名詞 (doing)、不定詞 (to do)** に続くかを再度確認しておきましょう。

▶ 動名詞（~ ing）をとる動詞

enjoy / finish / consider / avoid / admit / deny / practice / miss / imagine 等

［例］You should **avoid** eating late-night snacks to keep fit.
（健康を保つためには夜遅くの間食を控えるべきである）

▶ 不定詞をとる動詞

decide / hope / manage / wish / agree / plan / learn / choose / expect / refuse 等

［例］The country managed to get out of a financial crisis last year.
（昨年度その国はなんとか金融危機を脱することができた）
＊ get out of financial crisis　金融危機を脱する

ただし stop / remember / forget / regret / try は動名詞と不定詞の両方をとりますが、意味が異なります。以下の違いはおさえておきましょう。

- try to do（do しようと努力する）/ try doing（試しに do してみる）
- regret to do（残念ながら do する）/ regret doing（do したことを後悔している）
- stop to do（立ち止まって do する）/ stop doing（do することをやめる）
- forget to do（do することを忘れる）/ forget doing（do したことを忘れる）
- remember to do（忘れずに do する）/ remember doing（do したことを覚えている）

✕ 間違いランキング 25位

learn と learn about の混同に注意！

両語とも日本語では「～について学ぶ」ですが意味が異なります。まず learn は「**学問として学び身に付ける**」という意味ですが、learn about は「**～について知識を養う**」という意味です。では「大学で外国の文化について学びたい」と表現する場合、次の①と②の英文はどちらが自然な表現でしょうか。

① I want to **learn** foreign cultures at university.
② I want to **learn about** foreign cultures at university.

正解は②で、「外国の文化に関して知識を深めたい、より知りたい」という意味で、①の「外国の文化を身に付ける、マスターする」は不自然な表現です。以下の 2 つの文のニュアンスの違いも確認しておきましょう。

a) learn French「語学としてフランス語を身に付ける」
b) learn about French「フランス語の背景や歴史に関して知識をつける」

という意味になります。

✕ 間違いランキング 26位

～ ed と～ ing の形容詞の混同に注意！

exciting と excited、surprising と surprised などの分詞と形容詞を誤って使うケースがよく見られます。「～ ed は人を形容する」、「～ ing は物事を形容する」という考え

方ではなく、~ ing は「**性質**」「**特徴**」、~ ed は「**感情**」「**気持ち**」を表すと覚えておきましょう。

◎ The football game was **exciting**. → サッカーの試合は面白かった

—— 試合の**特徴**

◎ I was **excited** about the football game. → 私はサッカーの試合に興奮した

—— 私の**気持ち**

もう一つ例を挙げると、以下の違いがわかりますか?

a) He is bored.　　b) He is boring.

a) は彼の感情を表すので「**彼は退屈している**」、b) は彼の特徴を表すので「**彼はつまらない人間だ**」となります。

✕ 間違いランキング **27**位

「～するために」(目的) は for ～ ing ではなく to do!

目的を表す不定詞 (to do) とすべきところを日本語につられて for doing としてしまいがちですが、これは不正確な英語です。目的を表したい場合は to do を、さらに目的を明確にしたい場合は in order to do を用いましょう。

☒ I want to go to France **for visiting** many art museums.

◎ I want to go to France **to** visit many art museums.

(私は多くの美術館を訪れるためにフランスに行ってみたい)

✕ 間違いランキング **28**位

each other は「副詞」でなく「代名詞」!

☒ talk each other は不可!　→　◎ talk with each other が正解!

each other「お互いに」は副詞ではなく「お互い」という**代名詞**なので、使い方には注意が必要で、特に「**前置詞の有無**」をしっかりと考えてから用いることが大切です。例えば「互いに話し合う」「互いを知っている」はどのように表せばよいでしょうか。正しくはそれぞれ、talk **with each other** (前置詞 with が必要)、know **each other** (know は他動詞なので前置詞は不要) となります。

また、代名詞であることから所有格で表すこともできます。

[例] **each other**'s cultural backgrounds （お互いの文化的背景）

間違いランキング 29位

one of the 最上級＋複数名詞 の使い方に注意！

主語は"one"なので**単数扱い**となります。また one of the に続く単語は複数形になりますが、単数で書いてしまう間違いもよく見られます。one of を使うときは後ろが複数形になっているか、また動詞は単数にしているか、必ずチェックする習慣をつけましょう！

- ✗ One of the most popular **place** in my hometown **are** Himeji Castle.
- ○ One of the most popular **places** in my hometown **is** Himeji Castle.
（私のホームタウンで最も人気のある場所は姫路城です）

間違いランキング 30位

will イコール「～だろう」でないケースがあるので要注意！

文脈にもよりますが、通常 **will は確定的未来**を表すので、「～だろう」ではなく、「**(将来) ～だ**」という意味になります。

例えば、電車の車内アナウンスで、This train **will** stop at Shinagawa. と流れた場合はどういう意味でしょうか？ ✗「この電車は品川駅に停まるだろう」ではとても不安ですよね。実際には will が確定的未来を表すので、○「この電車は品川駅に停車することは確実だ」というニュアンスになります。

will を用いて「～だろう」という**予測を表すことも可能**ですが、その場合は I think や I hope、または likely、probably、mostly などの副詞と一緒に用います。以下の文を比べてください。

(a) More Japanese companies **will** expand their business into Africa in the future.

(b) **I think** that more Japanese companies will expand their business into Africa in the future.

(c) More Japanese companies **will likely** expand their business into Africa in the future.

(a) は「将来アフリカに事業を拡大する日系企業がさらに増えることは**確実だ**」という「**確定的未来**」を表し、一方 (b) と (c) とは「将来はアフリカで事業を拡大する日系企業がさらに増えるだろう、その確率が高い」という「**予測**」を表します。

お疲れ様でした。30位までマスターできましたか？ では最後は Top 31 ～ 50 を見ていきます。ここからは頻度は少し低くなりますが、少しレベルの高い重要語彙や文法項目も含まれますので、最後の仕上げとしてしっかりとマスターしておきましょう！

✗ 間違いランキング 31位

カタカナ英語をそのまま使ってしまうミスに注意！

カタカナ英語はそのまま使っても通じるものが多いので注意が必要です。以下がライティングで見られる代表的な通じないカタカナ英語とその正しい表現です。

- クーラー： ✗ cooler　○ air-conditioner
- ノルマ： ✗ norma　○ quota
- アルバイトをする： ✗ do albite　○ work part-time / do a part-time job
- サラリーマン： ✗ salary man　○ office worker / businesspeople
- イメージアップする： ✗ do image up　○ improve one's image
- クレームを言う： ✗ claim　○ make a complaint / complain about
- メリット / デメリット： ✗ merit / demerit　○ advantage / disadvantage
  * merit, demerit はそれぞれ「長所、優れている点」「短所、劣っている点」という意味で日本語のメリット、デメリットと少し意味合いが異なります。

これらは英語として通じないので使う際には注意を払うようにしましょう！

✗ 間違いランキング 32位

✗ 日本語の名称をそのまま書いただけなので意味が通じないミス！
→ ○ 後ろに英語で説明を入れるのが正解！

日本語をそのまま書くだけでは英米人には理解できないので「いったいそれが何を指すのか」という補足説明を入れるようにすることが重要です。

特に**日本文化を解説する場合**は何なのかを明確にしなければいけません。例えば富士山や金閣寺などは、日本人はそれぞれ「山」「寺」を指すことを理解できますが、日本の文化に詳しくない英米人はそれが何か判断することができないので、それぞれ **Mt.** Fuji、Kinkaku-ji **Temple** のように最後にカテゴリーを入れて明確にしなければなりません。

① Himeji **Castle** [☒ Himejijo] is one of the most popular tourist sites in Japan.
（姫路城は日本で最も有名な観光スポットの一つです）

ただし〜 temple や〜 castle のように表記できない場合は、**同格表現を使って**簡単に補足説明します。

② On New Year's Day, Japanese people usually eat *osechi-ryori*, traditional Japanese food.
（正月には、日本人はたいてい日本の伝統料理であるおせち料理を食べます）

ただし近年では日本語がそのまま通じる語もあり、sushi（寿司）、sukiyaki（すきやき）、sashimi（さしみ）、tsunami（津波）などは英米圏でも一般的に用いられています。

✕ **間違いランキング** **33**位

> **especially / particularly**（特に）を文頭で使っていないか確認せよ！

especially / particularly は原則文頭ではなく、文中で用います。

☒ **Especially**, governments should spend more money on education.

🅞 Governments should spend more money on public services, **especially** education.
（政府はもっと公共のサービス、特に教育にお金を使うべきである）

文頭で使う場合は **in particular** を用います。

[例] Studying in a different country can be very stressful for international students. **In particular**, many of them encounter language barrier.
（他国で学ぶことは留学生にとって大きなストレスになることがあります。特に多くの学生は言葉の壁に直面します）

＊language barrier　言語の壁

044

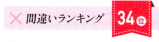

[❌ go to abroad は不可！ → ⭕ go abroad が正解！]

abroad は「外国へ」という**副詞**なので go / travel / live / work などの動詞の後に続く場合、前置詞は不要です。

❌ Many people want to **travel to abroad** during long holidays.
⭕ Many people want to **travel abroad** during long holidays.
（多くの人は長期休暇中には海外旅行をしたいと思う）

また、類義語の overseas「海外へ」も同じように用いられますが、**overseas は形容詞としても用いられます。**

[形容詞]　**overseas** students（留学生）　**overseas** investment（海外投資）
[副詞]　work **overseas**（海外で働く）　　at home and **overseas**（国内外で）

ただし abroad、overseas 共に「海外から」と表現する場合のみ **from [abroad / overseas]** のように表現します。

[❌「〜をわかる」を know と表現してしまうミス！
→ ⭕「新しいことを知る」は get [come] to know や learn about 〜、learn that S V が正解！]

know は「〜を知る」という**動きを伴う動詞ではなく**、「〜を知っている、知識がある」というあくまで**状態を表す動詞**です。

例えば「昨年ヨーロッパに行って、異なる文化について知った」と言いたい場合に以下の様に know を用いると誤りです。

❌ I went to Europe last year, and I knew different cultures.

「新しいことを知る」という意味の動作を表す場合には **get [come] to know / learn about ＋ 名詞**、あるいは **learn that S V** のように表します。

⭕ I went to Europe last year, and I **learned about** different cultures.

045

間違いランキング 36位

> ☒ lead to / contribute to do は不可！
> → ◎ lead to ～ ing、contribute to ～ ing が正解！

これも非常によくみられるミスで、lead to や contribute to の後は原形動詞ではなく、正しくは **lead to / contribute to ＋名詞（動名詞）**となります。

lead to ～「結果的に～につながる」、contribute to ～「～の原因となる」は常に to 以下に注意を払ってください。例えば「ファストフードの食べ過ぎは健康上の問題につながってしまう」という意味を英語で表す場合は

☒ Eating too much fast food can **lead to** have health problems.

ではなく、lead to 以下は原形不定詞ではなく、以下のように**名詞で表す**ようにしなければいけません。

◎ Eating too much fast food can **lead to** health problems.

間違いランキング 37位

> ☒ ～年代（☒ in 2010s）、～（歳）代（☒ in the 30s）は不可！
> → ◎ ～年代 in the 2010s、～（歳）代の in his / her 30s が正解！

「～年代」「～代」「～歳の」の表現によく間違いが見受けられます。

1980年代： ☒ in 1980　◎ in **the** 1980s → **the** と年代の後ろに **s** が必要

30代に： ☒ in the 30s　◎ in his / her 30s → the ではなく**所有代名詞**を使う

ちなみに「～歳の」を表す際の英語訳にも要注意です。

6歳の子供： ☒ a 6-years-old child　◎ a 6-**year**-old child

→形容詞として用いる場合は **year は単数**となります。

間違いランキング 38位

> **prepare** と **prepare for** の混同に要注意！

日本語で考えると誤用してしまいがちな表現ですが、prepare は「～の準備をする」、prepare for ～「～に向けて準備・対策をする」という意味です。

- **prepare** meals 食事の準備をする
- **prepare for** heavy rainfall 大雨に備える

「テストに向けて準備する」は prepare an exam / prepare for an exam となりますが、**前者は先生**が、**後者は生徒**が行う行為です。

間違いランキング 39位

[**hardly** を **hard** の副詞と勘違いしてしまうミスに要注意！]

hardly と hard は全く異なる意味を持ちます。hard は「難しい」「一生懸命に」のように形容詞または副詞として用いることができますが、hardly は「ほとんどない」という**否定を表す副詞**なので使い方に注意しましょう。

- ❌ I studied very **hardly** last night. （昨夜はほとんど勉強しませんでした）
- ⭕ I studied very **hard** last night. （昨夜は一生懸命勉強しました）

間違いランキング 40位

[❌「アルバイトをする」**do part-time** は不可！
→ ⭕ **work part-time** または **do a part-time job** が正解！]

「アルバイトをする」は do part-time ではなく、**work part-time**（この場合は**副詞**）か **do a part-time job**（この場合は**形容詞**）とします。

- Many university students [work part-time / do a part-time job] to pay tuition fees.
  （学費を払うためアルバイトをする大学生は多いです）　　　＊ tuition fees 学費

また、「アルバイト」は a part-time worker / a part-timer、「正社員」は a full-time worker / a full-timer のように表します。

受動態が好まれる場合とは？

ちょっとブレイク

日本語は「受動的」表現を好む言語ですが、英語は「能動的」表現を好む言語です。英語では多くの場合、「能動態」で表すほうが自然な英語になりますが、ここでは「受動態」で表すほうが自然な英文となる 2 つの項目を確認しておきましょう！

① 動作主より被動作主のほうが重要な場合

例えば「自治体は若者に職業訓練プログラムを提供している」という意味の以下の 2 つの文をご覧ください。

a) The local government **provides** young people with job training programs.

b) Job training programs **are provided** for young people **by** the local government.

a) は能動態、b) は受動態ですが、b) のように受け身にすると **by 以下が他のものと対比されることで強調**され、「（中央政府や、企業、または個人によってではなく）地元の自治体によって」という意味になります。ですので、**by 以下を強調する場合は b) のように受動態**で、そうでない場合は a) のように能動態で書くようにしましょう。

② 動作主が明らかな場合、不明確で重要でない場合

主語が明らかな場合は受動態を用います。

a) ⭕ Spanish **is spoken** in Mexico.

b) ❌ Mexicans **speak** Spanish.

▶ **メキシコ人がスペイン語を話すことは言うまでもない**ので b) は不自然な英語です。同様に

c) ⭕ These vegetables **are grown** in my neighboring farm.
（これらの野菜は私の近所の農園で採れました）

d) ❌ Farmers in my neighboring farm **grow** these vegetables.

▶ **農家の人が野菜を栽培することは当たり前**なので d) は不自然な英語です。

次の文は動作主が不明か重要でないので能動態にする必要のない場合です。

e) More than two million people **were killed** in World War Ⅱ.
（200 万人を超える人が第二次世界大戦で亡くなった）

この場合、誰が 200 万人を殺したかは不明で重要でないことから、このような場合は受動態で表すほうがより自然な英語になります。

このように「能動態」と「受動態」、どちらを使うかは文脈や表現したい内容によって異なるので、場合に応じて適切な用法を選ぶようにしていきましょう。

それではあと一息です。では気合を入れなおして残りの Top 41 ~ 50 を見ていきましょう！

✗ 間違いランキング 41位

> ✗ 「~できる、するようになる」become to do は不可！
> → ◯ learn to do や come [get] to do が正解！

これも日本語につられて間違えてしまう語法のミスですが、**become to do は誤った英語**なので気をつけましょう。正しくは以下のような表現で表します。

「~できるようになる」は **learn to do / become able to do**
「~するようになる」は **get / come to do**

と覚えておきましょう。

✗ I have finally become to use a computer.
◯ I have finally learned to use a computer.
（ようやくコンピュータを使えるようになった）

✗ I became to know him last year.
◯ I got to know him last year.
（昨年彼のことを知った）

✗ 間違いランキング 42位

> reduce（減る）を自動詞として使ってしまうミスに注意！
> ✗ The population reduces は不可！
> → ◯ reduce the population が正解！

reduce は「減る」ではなく「**~を減らす**」という**他動詞**なので以下のような使い方は誤りです。

✗ The amount of garbage last year **reduced** significantly in that city.
（その都市の昨年度のごみの量は大幅に減少した）

このように「~が減る」と表現したい場合は **decrease** や **fall** を使い、reduce は次のように**他動詞として**用います。

◯ Governments successfully **reduced** the number of cars on the road last year.
（昨年、政府はその道路の車の通行台数を減らすことに成功した）

✕ 間違いランキング **43**位

> 最上級の文で of / in ＋［比較の対象のカテゴリー］が抜けているミス

最上級は「〜の中で最も…」という**他との比較**を表す表現なので、**どの範囲で比べているのか**を明確にすることが必要です。

✕ Mt. Fuji is the highest mountain.

この文では、比較の対象がなく、どの範囲で比べているのかが不明瞭なので不正確な文になっています。正しくは次のように範囲を明確にしなければいけません。

◯ Mt. Fuji is the highest mountain **in Japan**.

また、次の文も誤りです。

✕ Mt. Fuji is the highest in Japan.

よく最上級では形容詞に「the が付く」と習いますが、実はこれは**後ろに従える名詞に付けるための the** なので必ず名詞が必要になります。よってこの文には the highest **mountain** のように名詞を入れなければいけません。

ですので、最上級を使う際は「**比較の範囲**」と the に続く「**名詞**」が抜けていないかを必ず確認するようにしましょう！

✕ 間違いランキング **44**位

> ✕ have [difficulty / trouble / a hard time] **to do** は不可！
> → ◯ have [difficulty / trouble / a hard time] **(in) 〜 ing** が正解！

「do することに苦労する」という意味を表しますが不定詞（to do）ではなく**動名詞（doing）となる**ので使い方に注意しましょう。

- I **had difficulty** (in) making a speech in English then.
  （その時英語でスピーチをするのは大変だった）

また、difficulty や trouble は**無冠詞**となるのでこの点にも注意しましょう。

✕ 間違いランキング 45位

trip を動詞で使ってしまうミスに注意！
✕「米国に旅行する」を trip the US は不可！
→ ◯ make a trip to the US が正解！

通常 trip は動詞で用いると「**つまずく**」という意味になります。

「旅行する」と表現したい場合は trip を名詞として用いて **make a trip / go on a trip** を用いましょう。よって、「カナダに旅行する」は trip Canada ではなく、**make a trip to / go on a trip to** Canada となります。または travel を動詞で用いて **travel abroad**（海外旅行をする）、**travel around the world**（世界一周旅行をする）のように使うことも可能です。

✕ 間違いランキング 46位

期間を表す際に for と during の使い分けを混同してしまうミスに注意！

for はある**一定の長さの期間**（～年間、～時間等）、during は**特定の期間**（夏休み中、旅行中等）を表す際に用います。

3年間： ✕ during three years　　◯ for three years
夏休み中： ✕ for summer vacation　　◯ during summer vacation

✕ 間違いランキング 47位

✕ discourage A to do は不可！
→ ◯ discourage A from ～ ing が正解！

encourage A to do（A に do するように促す）と混同してしまい前置詞を間違うパターンで、正しくは discourage A **from** doing（A が do する気をなくさせる）のように書きます。このように「**妨害**」、「**防御**」、「**禁止**」を表す動詞の前置詞は from をとります。

- protect A **from** B （A を B から守る）
- keep A **from** doing （A に do させない）
- [prevent / hinder] A **from** doing （A が do することを妨げる）
- [prohibit / ban] A **from** doing　（A が do することを禁止する）

051

✕ 間違いランキング 48位

so / too と such / quite に続く名詞と形容詞の位置を混同してしまうミスに注意！

これらの副詞は後続する名詞と冠詞の順番を整理しておくことが重要です。

- **[so / too] ＋形容詞＋ a/an ＋名詞**

  so beautiful a flower （とても美しい花）

  too complicated an issue （とても複雑な事柄）

- **[such / quite] ＋ a/an ＋形容詞＋名詞**

  such an interesting film （とても面白い映画）

  quite a difficult problem （とても難しい問題）

また、よく似た使い方をする **as** も混同しやすいので要注意です。

not as ＋形容詞＋ a/an ＋名詞：〜（名詞）ほど…（形容詞）でない の用法で用いられるのでこちらの語順も確認しておきましょう。

- This is **not as serious a problem** as it might appear.
  （これは見かけほど深刻な問題ではない）

✕ 間違いランキング 49位

effect と affect の混同に要注意！
It has a positive [✕ affect → ◯ effect] on me.
It [✕ effects → ◯ affects] the city.

通常 **effect** は「名詞」、**affect** は「動詞」として使います

- ◯ The new resort has had a positive **effect** on the local economy.
  （新しいリゾートは地元の経済に好影響を与えた）
- ◯ Technology has greatly **affected** the way people communicate.
  （テクノロジーはコミュニケーションの仕方に多大なる影響を与えてきた）

また，「深刻な影響を及ぼす」を give を用いて表現するミスも多く，

✕ give a serious effect on 〜 → ◯ have a serious effect on 〜

have を使うことを頭に叩き込んでおきましょう！

052

ちなみに,「影響する」**influence** を自動詞として使うミスもよく見ますが、他動詞用法しかありませんので注意してください！

❌ That experience **influenced** ~~on~~ their lifestyle.

→ ⭕ That experience **influenced** their lifestyle.
（その経験は彼らのライフスタイルに影響を及ぼした）

✕ 間違いランキング **50位**

❌ 定冠詞 the が抜けているミス！ → ⭕ the が必須の名詞をチェックせよ！

特定の名詞には the が付きます。以下の主にライティングでよく用いられる「**the ＋名詞**」の単語を確認しておきましょう。

the environment（環境）/ the ~ industry（~産業）/ the countryside（田舎）/ the weather（天気）/ the economy（経済）/ the world（世界）/ the sky（空）/ the ocean（大洋）/ the earth（地球）

お疲れ様でした。以上がライティングでよくあるミス Top 50 です。いかがでしたか？しっかりと 50 項目はチェックできましたか？ これらの文法や語法のミスは英検準 1 級、1 級受験者にも見られるウィークポイントです。これらを 2 級受験時からしっかりと理解しておくことが大切です。

053

番外編 10

最後に Top 50 には入りませんでしたが、その他にも時折見られるミスをおまけとし 10 項目紹介しておきます。全てマスターして文法・語法の項目で満点を目指しましょう！

1 具体的な理由やポイントがなくいきなり first(ly) で書き始めてしまう

First, Second, …のように列挙していく場合は理由やポイントなど何に関して first, second なのかを述べなければいけません。以下の文は誤りです。

☒ I think that companies should employ more foreign workers in the future. First, ….
（将来は企業が外国人労働者の雇用を増やすと思います。まず始めに…）

以下のように何が First, Second なのかを明確に表しましょう。

☑ I think that companies should employ more foreign workers in the future for the following two **reasons**. **First**, ...
（以下の 2 点の理由から将来は企業が外国人労働者の雇用を増やすと思います。まず始めに…）

2 「～は SV する可能性がある」と表現するときに、He has a possibility that S V. のように人を主語にしてしまう

これは不自然な誤った英語で、正しくは **There is a possibility that S V.** のように表現します。ちなみに possibility は形容詞（strong：高い場合 / remote：低い場合）を付けて可能性の高さを調節することができます。

☑ **There is a strong possibility** that eco-friendly cars will become more popular in the future.
（エコカーは将来もっと人気が出る可能性が非常に高いです）

3 be used to doing と used to do を混同してしまう

be used to doing は「do することに慣れている」、used to do は「かつて do した」という表現ですので、それぞれ混同しないように気をつけましょう。

☑ Many Japanese people are not **used to thinking** logically.
（物事を論理的に考えることに慣れていない日本人は多いです）

☑ Writing letters **used to be** one of the most common ways of exchanging messages.
（手紙はかつてメッセージのやり取りをする最も一般的な方法の一つでした）

4 very で修飾できない形容詞に very をつけてしまう

単語自体に「**驚異**」の意味がある形容詞には very を付ける必要がありません。

wonderful / excellent / huge / delicious / terrible / fascinating / tiny / exhausted / freezing など

5 near ~ を（近くの〜）と勘違いしてしまう

near は通常前置詞で「〜の近くに」という意味なので「〜の近くの」と言いたい場合は **nearby** を使いましょう。

「近くの銀行」　❌ a near bank → ⭕ a **nearby** bank

ただし、nearest（最寄りの）は形容詞的に働くことができます。

⭕ the nearest bus stop （最寄りのバス停）

6 it's を its と混同してしまう

it's は it is の短縮形、its は it の所有格。使い方も意味も異なるので要注意です。

⭕ **It's (= It is)** important for foreign visitors to other countries to follow the local rules and customs.
（外国からの訪問者が現地のルールや習慣に従うことは重要である）

⭕ The restaurant is famous for **its** quality and variety of food.
（そのレストランは料理の質と豊富さで有名である）

7 ❌ have no choice but do → ⭕ have no choice but **to do** が正解！

have no choice but to 原形動詞 「do する以外ない」はイディオムとして覚えておきましょう。ただし do nothing **but do**（do してばかりいる）は**原形の動詞**が来ます。

8 appreciate「〜に感謝する」の目的語を「人」にしてしまう

appreciate は「（**行為や態度に**）感謝する」という意味なので**人を目的語にとることはできません**。よって ⭕ appreciate his kindness（彼の親切に感謝する）、⭕ appreciate her concern（彼女が心配してくれたことに感謝する）のように使います。

9 between A **and** B を between A **to** B としてしまう

between は and と、from は to とセットで使うと覚えておきましょう。

⭕ between 1990 and 2005 = from 1990 to 2005 （1990 年から 2005 年まで）

10 It's a pity that S V.（S が V して残念だ）の a が抜ける

同様に It's a shame that S V.（S が V して残念だ）の a も見落としがちです。

055

間違えやすいコロケーション Top 20

これまで紹介した以外で、ライティングで頻度の高いコロケーションの間違いを見ていきます。

1位 「問題を解決する」　❌ solve a question / answer a problem / solve an issue
　　　　　　　　　　　　　⭕ **solve a problem** / **answer a question** / **resolve an issue**

2位 「状況を改善する」　❌ improve a problem
　　　　　　　　　　　　　⭕ **improve** the situation

3位 「子供を育てる」　❌ grow children　⭕ **bring up** / **raise** children

4位 「理由を述べる」　❌ say / tell a reason　⭕ **give** a reason

5位 「～に影響を与える」❌ give an effect on ~　⭕ **have** an effect on ~

6位 「～に損害を与える」❌ give damage to ~　⭕ **cause** / **do** damage to ~

7位 「運動をする」　❌ play exercise　⭕ **do** / **take** exercise

8位 「多くの人口」　❌ many population　⭕ **large** population

9位 「ミスを犯す」　❌ do a mistake　⭕ **make** a mistake

10位 「事故に遭う」　❌ meet an accident
　　　　　　　　　　⭕ [**have** / **get involved in**] an accident

11位 「高い／低い値段」❌ expensive / cheap price　⭕ **high** / **low** price

12位 「犯罪を防ぐ」　❌ avoid crime　⭕ **prevent** crime

13位 「交通量が多い」　❌ many traffic　⭕ **heavy** traffic

14位 「生活費」　❌ the cost of life　⭕ the cost of **living**

15位 「技術を高める」　❌ raise one's skill　⭕ **improve** one's skill

16位 「ルールを守る」　❌ protect rules　⭕ **observe** / **follow** rules

17位 「ストレスを感じる」❌ feel stressful　⭕ feel **stress** / feel **stressed out**

18位 「解決策を見つける」❌ discover a solution　⭕ **find** a solution

19位 「痛みを感じる」　❌ feel painful　⭕ feel **pain**

20位 「重い病気」　❌ heavy illness　⭕ **serious** illness

056

間違えやすいスペリングミス Top 20

最後にライティングでよく見られるスペリングミスを紹介していきます。非常にミスの頻度が高い Top 20 をご覧ください。

1位 ❌ enviroment → ⭕ environment（環境）

2位 ❌ goverment → ⭕ government（政府）

3位 ❌ profesional / profesor → ⭕ professional / professor（プロの／教授）

4位 ❌ succes / succesful → ⭕ success / successful（成功／成功している）

5位 ❌ deside / desicion → ⭕ decide / decision（〜を決める／決定）

6位 ❌ reserch → ⭕ research（研究、リサーチ）

7位 ❌ necesary / necesarily → ⭕ necessary / necessarily（必要な／必然的に）

8位 ❌ adress → ⭕ address（〜（課題など）に取り組む）

9位 ❌ recomend / recomendation → ⭕ recommend / recommendation（〜をすすめる／推薦）

10位 ❌ occured → ⭕ occurred（occur「起こる」の過去、過去分詞）

11位 ❌ relyable → ⭕ reliable（信頼できる）

12位 ❌ busines → ⭕ business（仕事、ビジネス）

13位 ❌ analisis / analize → ⭕ analysis / analyze（分析／分析する）

14位 ❌ expirience → ⭕ experience（経験）

15位 ❌ cricis → ⭕ crisis（危険）

16位 ❌ psichology → ⭕ psychology（心理学）

17位 ❌ acomodation → ⭕ accommodation（住居、宿泊施設）

18位 ❌ oportunity → ⭕ opportunity（機会）

19位 ❌ forein → ⭕ foreign（外国の）

20位 ❌ restrant → ⭕ restaurant（レストラン）

057

次の一覧は1語で表すべき語を2語で書いてしまうミスです。複合語（2つの単語から成る単語）は1語として書き表すので離さずに書くようにしましょう。以下がよく見られる誤りです。

☒ country side　　　→ ◉ **countryside**（田舎）

☒ wild life　　　　→ ◉ **wildlife**（野生動物）

☒ more over　　　　→ ◉ **moreover**（加えて）

☒ work place　　　→ ◉ **workplace**（職場）

☒ life style　　　→ ◉ **lifestyle**（生活様式）

☒ some times　　　→ ◉ **sometimes**（時折）

☒ work force　　　→ ◉ **workforce**（労働力）

以下は混同しやすい語です。意味、スペリングともに気をつけましょう。

⚠ whether（〜かどうか）と weather（天気）

⚠ beside 前（〜の隣に）と besides 副（さらに）

⚠ through（〜と通って）と though（〜だけれども）と thorough（徹底的な）

⚠ quiet（静かな）と quite（かなり）と quit（〜をやめる）

⚠ everyday 形 名（毎日の、ふだんの日）と every day 副（毎日）

動詞が名詞に変わるときのスペリングの変化に注意しましょう。

⚠ pronounce（〜を発音する）→ pronunciation（発音）

⚠ maintain（〜を維持する）　→ maintenance（維持）

Chapter 3

分野別

ライティング力UP
トレーニング

ロジカルシンキング・トレーニングにトライ！

　ではここからは各分野に関しての知識とライティング力をグーンッとアップしていただきましょう。ただしその前に「**論理性のあるエッセイ**」を書く能力を付けるための**ロジカルシンキング力（論理的思考力）**を鍛えていきます。ロジカルシンキングとは、ある事柄に対して「**関連する具体例を提示した、論理的で首尾一貫したアーギュメント（主張）**」を意味します。多くの日本の学校では日本語、英語共に論理的思考を鍛えるための授業が行われていないため、学習者のほとんどは日本語的発想で話を展開してしまい、文章の一貫性や、論理性が欠けてしまいがちです。まずはエッセイ・ライティングで非常に頻度の高いアーギュメントに関連したミスを5つ確認しておきましょう！

アーギュメントの失敗パターン①

個人的な経験で論証しようとしている

　説得力のあるエッセイを書くためには個人的な経験を述べるのではなく、**一般的な事実や証拠に基づいて書くこと**が強いアーギュメントを作るポイントです。個人的な体験は一部の事例にしか当てはまらず説得力がないことから、アーギュメントが弱くなってしまいます。以下の例題でミスを確認しておきましょう。

■ サンプル問題

Do you think that shopping with someone is better than shopping alone?

（一人で買い物をするよりも、誰かと買い物に行くほうがよいと思いますか？）

■ サンプルアンサー（一人で買い物をするほうがよいという例）

No, I don't think so. This is mainly because I can do shopping at my own pace. When I shop with family or friends, I have to wait while they look around a store. I also have to rush in an effort not to keep them waiting. My sister likes quick shopping but I hate it.

解説

問題では「一人で買い物をするよりも誰かと買い物をするほうがよいか」と「**一般論**」を聞かれているのに対し、アーギュメントは個人的な意見や例で展開しており、問題にも適切に答えられていません。これを防ぐためには **Personal（個人的なこ**

と）か **General（一般的なこと）** かを問題から正確に判断し主語に注意し、そしてより強いアーギュメントを述べるためには普段から様々な分野に対して教養とアイディア力を高めることが重要です。

アーギュメントの失敗パターン②

論点がずれている（理由が主題と関連していない）

これはアーギュメントが「問われている項目と無関係の内容になっている」ミスです。例えば「大学に進学することのメリットを挙げなさい」という問いに対して、「アルバイトができるから」「一人暮らしができるから」のような論点がずれている応答をしてしまうことを意味します。以下のサンプルアンサーを参考に非論理的な文章展開を理解しておきましょう。

■ サンプル問題

Do you think that more Japanese high school students will go on to university or college in the future?
（将来大学に行く日本人高校生は増えると思いますか？）

■ サンプルアンサー

Yes, I think so. This is mainly because they want to live by themselves to relax. If they live alone, they can have meals and watch TV anytime.

解説

大学に進学する高校生が増える理由として「一人暮らしができてリラックスできる」は論点が完全にずれており、非論理的です。こういったミスを防ぐためには、自分の書いたアーギュメントが「論理的で関連性のあるものか」ということを毎回チェックするようにしましょう。

アーギュメントの失敗パターン③

1点目と2点目のキーアイディアが重複している

これもよく見られるミスで、理由を2点述べているにもかかわらず、それらの内容が重複しているミスです。以下のサンプル問題でそのミスを確認しておきましょう。

■ サンプル問題

Do you agree that technology has brought more advantages to society than disadvantages?

（テクノロジーは社会にとってデメリットよりメリットを多くもたらしたと思いますか？）

■ サンプルアンサー

Yes, I agree with this opinion for the following two reasons.
First, you can receive information on the Internet more easily than in the past. Many kinds of news apps are available today and they give you a lot of information very quickly. Second, you can get information on Facebook or Twitter. Many people post ideas and opinions there, and you can get a lot of knowledge from them.

解説

First 以下は「ニュースアプリによって情報が得やすくなった」、Second 以下は「フェイスブックやツイッターでアイディアや意見などの情報を得られるようになった」となっており、内容は若干異なりますが、両方とも「情報を得ることができる」という点では同じアーギュメントですので重複しているとみなされます。関連性が強いと重複しがちになるので**できるだけ異なった角度から意見を展開すること**が大切です。

アーギュメントの失敗パターン④

Specific → General（具体→抽象）の流れになっている

　英語は日本語と異なり、必ず抽象的な全体像を述べてから、その具体例を挙げながら話を展開します（General → Specific）が、その流れが逆になっているエッセイが良く見受けられます。日本語的発想で考えていると問題がないように思えますが、英語では誤った展開方法なので注意が必要です。その問題点を以下の Sample をもとに確認しておきましょう。

■ サンプル問題

Do you think that individual work is better than group work?

（グループで作業するよりも個人で作業するほうがよいと思いますか？）

■ サンプルアンサー

No, I think that group work is better than individual work.
The main reason for this is that ①if you work in a team, you can help each other when you have some trouble or you work together to achieve a shared goal.* ②Group work develops a sense of teamwork.

* achieve a shared goal　共有した目標を達成する
* develop a sense of teamwork　チームワーク精神を養う

> **解説**
>
> これは①と②が逆になっていることに気づきましたか？①はサポート（具体例：Specific）であり、②がキーアイディアになるべき文（General）なので、Specific → General の日本語的展開方法になってしまっています。ですので、この場合は①と②の文の順番を入れ替えることで General → Specific の英語的発想で展開にすることが可能になります。

アーギュメントの失敗パターン⑤

論理が飛躍している

　アーギュメントが適切な段階を踏まずに急に結論に移ってしまうことを言います。つまり途中の論理展開が抜けており、いきなり結論に達してしまうミスです。以下のサンプル問題でその問題点を確認しておきましょう。

■ サンプル問題

Do you think that buying second-hand items is good for society?
（中古品を買うことは社会にとってよいと思いますか？）

■ サンプルアンサー

Yes, I think the idea of buying second-hand goods is good for society. The primary reason for this is that ①it is good for the environment. ②There will be less amount of garbage, and this allows many people to have a life in a cleaner environment.

解説

主な理由として、①「環境に良いこと」と述べ、その後に②では「ごみの量が減り、よりきれいな環境で生活を送ることができる」と書いていますが、「なぜごみの量が減るか」という説明がなく、論理が飛躍してしまっています。この場合であれば「例えば、新しい本や家具を製造する場合は木の伐採が必要ですが、中古品は新しい資源を消費する必要がありません」(For example, the production of new books and furniture requires trees to be cut down, but used items don't need any new resources to be consumed.) のような一文を①と②の間に入れることで飛躍を防ぐことができます。常に論理的に適切な順序を意識しながら書き進めるようにしましょう。

以上の5点がアーギュメントの展開で注意すべきミスです。慣れないうちはこれらを毎回チェックすることを心掛け、少しずつ論理性の高い一貫したエッセイ・ライティング力をつけていくようにしましょう！

次に分野ごとのトレーニングに入る前に、以下の問題をみて、日本語でキーアイディアを考えるウォームアップ問題にチャレンジしていただきます。準備はいいですか？ では気合を入れてまいりましょう！

- In Japan, many people spend their money on expensive brand-name goods. Do you think it is good to have expensive brand-name goods?
  （日本では、多くの人々が高価なブランド品にお金を使っています。それらを持つことは良いと思いますか？）

いかがでしょうか？ いきなり英語で key idea を作るのは難しいので、まず日本語で「高価なブランド品購入の是非」について、キーアイディアをいくつか箇条書きにしてみましょう。答えを読む前に、皆さんもぜひ考えてみてください。

考えてみましたか？ では、賛成の意見をみてみましょう。

064

■ 賛成のキーアイディア

① 高価なブランドを身につけることによって、ステータスが上がった気分になり、気持ちがよい。
② 同じブランドの愛好者との友人関係を作りやすい。
③ 高価なものの大半は品質がよく、長期にわたって使用することができる。
④ 高価なものを買うことによって、経済の活性化に貢献することができる。

いかがですか？　これらのキーアイディアはどれも論理的な理由だと思いますか？

本問は、**社会問題トピック (social topic)** で、ブランド品を買うことの是非を問う問題なので、①の「気持ちがよい」という個人的なコメントは、問題からそれてしまっており不適当です。この中で最も強いのは、③「品質・耐久性が高い」、と④「経済を活性化させる」の2つで、②はマイナーなアイディアです。

次に、「ブランド品購入反対」の理由を考えてみましょう。

■ 反対のキーアイディア

① 高価なブランドに大金を使うのは、お金の無駄である。
② 特に海外では、高価なブランドを身につけると金持ちだと思われ、窃盗などの盗難に遭いやすい。

いかがですか？　①は、「才能開発など内面を磨くことにお金をかけるのではなく、ブランド品所有という外見に大金をはたくのはお金の無駄である」というようにサポートをしていくと強いアーギュメントになります。

このように賛成・反対のキーアイディアを比べると、賛成のほうが強く、エッセイも書きやすいことがわかります。では、上のアイディアを参考にして、実際に解答を作ってみましょう。まずは、賛成の意見からです。

■ サンプルアンサー (Pro)

I think having expensive brand-name goods is good for two reasons. Firstly, most expensive **brand-name goods have** a high quality and **a long life**. Unlike cheap low-quality products, they are usually made of stronger and more durable materials. Therefore, they will **bring** greater **benefits in the long run**. Secondly, increased demand for expensive

brand-name products will **boost the economy**. It will definitely
stimulate the fashion and **fashion-related** industries in the world,
which will lead to global economic growth.

表現力をUPしよう！

- □ brand-name goods ブランド商品 □ have a long life 長持ちする
- □ bring benefits メリットをもたらす □ in the long run 長期的には
- □ boost / stimulate the economy 経済を活性化させる
- □ fashion-related industries ファッション関連産業

[訳] 以下の２つの理由からよいことだと思います。１つ目に、ほとんどの高価なブランド品は高品質で、長期にわたって使用することができます。安物で質の低い商品とは異なり、それらはたいていより頑丈で、耐久性の高い素材でできています。ゆえに、長期的には、より大きなメリットがあります。第二に、高価なブランド商品にお金をかけることは、経済を活性化させます。世界のファッションやファッション関連産業を間違いなく刺激し、世界経済の成長につながります。

解説

まず、１つ目の理由に「ほとんどの高価なブランド品は高品質」であるという点を書いています。「ほとんどの」を付けないと、全ての高価なブランド品が高品質だということになってしまうので気を付けましょう。高価なものであっても、品質があまりよくないものも世の中にはあるので、**断定表現は避ける**べきでしょう。

　２つ目の理由には、ブランド品の需要が高まることで経済を活性化させることができる」と述べており、サポートとして「ファッション業界が潤うことで世界経済の成長につながる」とうまく具体例を述べています。

■ サンプルアンサー（Con）

I don't think it's good for the following two reasons. Firstly, it is **a waste of money** to buy unnecessarily expensive brand-name goods. Money can be spent for more useful purposes such as skill development. It is better for people to make a wise investment in education for themselves and their children. Secondly, you are more likely to **become a target of theft and robbery**. Rich people tend to **show off their wealth** by wearing brand-name goods, which can put them into dangerous situations, especially when you travel to foreign countries.

表現力をUPしよう！

- □ a waste of money お金の無駄
- □ become a target of theft and robbery 窃盗や強盗の標的になる
- □ show off one's wealth 富を見せびらかす

[訳] 以下の2つの理由からよいとは思いません。第一に、不必要に高価なブランド商品を買うことは、お金の無駄づかいです。金はスキルの向上などもっと有益な目的に使うべきです。自分や子供の教育への賢い投資をするほうがベターです。第二に、窃盗や強盗の標的になる可能性が高まります。ブランド商品を身にまとうことで、人は自分の財を見せびらかす傾向がありますが、それにより、特に外国旅行をする際には、危険な状況に身を置くことになります。

解説

「ブランド品は不必要に高価であり、金の無駄づかいになる」という点が、反対意見の最も一般的な意見ではないでしょうか。waste of 〜（〜の無駄づかい）という表現は様々な場面で使えるので、覚えておきましょう。サンプルアンサーには書いてありませんが、Some brand-goods are more than ten times as expensive as those similar ones（一部のブランド品は、似たものよりも10倍以上高いものがあります）など、数字を出すことによって、強調するのもよいでしょう。

2つ目の理由である、「窃盗の被害者になりやすくなる」という点は日本にいるとあまりなじみが無いかもしれませんが、海外旅行のパンフレットなどを見るとブランド品を身につけないようにという注意書きが書いてあります。日本では被害に遭う可能性は低いと思ったら、サンプルアンサーのように、especially when you travel to foreign countries（特に外国に旅行するときは）と一言付け加えておくとよいでしょう。

いかがでしたか？ では次に、分野ごとのエッセイ・ライティングトレーニングにまいりましょう。

UNIT 1

教育分野

01 「教育」問題の最重要トピックはこれだ！

　「教育」問題は、全分野の中で最も出題頻度が高い分野です。英検2級が主に高校生を対象としている点からも、この分野は特に重要であると言えるでしょう。外国語をはじめとした教育の内容の問題からインターネットなどテクノロジーと教育の問題、部活動やボランティア活動などの課外活動、テレビゲームや余暇の問題へと知識を広げていきましょう。

　教育分野では、早期の**英語教育 (early English edication)** をはじめとして、土曜日の授業や課外授業などといった教育内容に関するテーマ、**留学 (studying abroad)** の是非、**留学生 (international student)** や**文理 (literature and science)** 選択の**増減**といった将来の教育に関連したテーマはよく議論が行われるので、自分の意見を持っておく必要があります。

　また、教育と関連して身の回りに起こる出来事にも注目しましょう。例えば、「インターネットやテレビは教育に有用なツールと言えるかどうか」「子供の**携帯電話 (cell phones)** 使用を制限するべきかどうか」といった問題は、21世紀を反映した重要なテーマであり、出題される可能性が高いと言えるでしょう。その他、「**電子書籍 (an electronic book)** は紙の本に取って代わるべきか」、など学生の読書習慣も押さえておきましょう。

　教育分野は勉強に関連したテーマだけではありません。**部活動 (club activities)** や**ボランティア活動 (volunteer activities)** をはじめとした「課外活動を積極的に行うべきか」「勉強を優先させ、これらの活動は制限するべきか」、などは賛否両論が分かれるところです。このような点についても、日ごろからどちらの立場で答えるのかを明確にし、関連する単語や表現を発信できるように準備をしておきましょう。

02 Pro / Con 問題にチャレンジ！

　ここからはエッセイ攻略の鍵となる英語の「論理性」を鍛えるために Pro（賛成、メリット）/ Con（反対、デメリット）のマッチング問題に挑戦していただきましょう。この章ではボディ作成の基本となるキーアイディア作成を重点的に進めていきます。

　各問題には1〜4の選択肢が提示されているのでそれらが Pro（賛成意見、メリット）か Con（反対意見、デメリット）を指しているのかを選んでください。それでは早速まいりましょう！

問題 1

次の設問について、以下の各文が Pro の主張か Con の主張か言ってみましょう。

> These days sports club activities at some schools have become less popular. Do you think sports club activities are important in school education?

「体育会系クラブ活動が学校教育に重要か?」について、以下の各文が Pro の主張か Con の主張か言ってみましょう。

1. Sports club activities are so demanding that many students are stressed out both physically and mentally. [Pro / Con]

2. Sports club activities develop mental strength among students. [Pro / Con]

3. Sports club activities have a negative effect on students' schoolwork. [Pro / Con]

4. Sports club activities develop a spirit of cooperation among students. [Pro / Con]

解答と訳

最近、一部の学校では体育会系クラブ活動の人気がなくなってきています。体育会系クラブ活動は学校教育に重要だと思いますか?

1. Con 要求が厳しい（demanding）体育会系クラブ活動が多いため、心身共にストレスを抱える（stressed out both physically and mentally）生徒が多くいます。

069

ここがポイント! 体育会系のクラブ活動は厳しいものも多く、精神的、肉体的にまいってしまう生徒が多いことを書きましょう。

2. Pro 体育会系クラブ活動は生徒の精神力を鍛えます。

ここがポイント! 一定の時間、ある目標に向かって体育会系クラブ活動に取り組むことにより、勤勉さや忍耐力 (diligence and patience) などの精神力 (mental strength) を身につけることができます。それらは生涯にわたって必要なものであり、人格形成に良い影響を与える (have a positive effect on building their character) と言われています。

3. Con 体育会系クラブ活動は生徒の学業に悪影響を与えます。

ここがポイント! 放課後や早朝に体育会系クラブ活動をすることで、勉強時間が減り、本業の勉強がおろそかになる可能性があります。

4. Pro 体育会系クラブ活動は生徒間で協力する精神を育みます。

ここがポイント! クラブのメンバーで一緒に活動することで、協力することの大切さを学びます。特に団体競技では、共同責任 (sharing responsibility) を負う中で、共に補い合う (cooperating with each other) ことの大切さを学びます。

表現力をUPしよう!

- □ demanding 要求がきびしい、大変な努力が必要な、きつい
- □ be stressed out ストレスで参っている
- □ have a negative effect on ~ ~に悪影響を及ぼす □ schoolwork 学業
- □ develop a spirit of cooperation 協力の精神を育む

いかがでしたか? では、これらの賛成 (Pro)・反対 (Con) のキーアイディアを使ったサンプルエッセイを見てみましょう。

モデル・エッセイ

→ 賛成の意見

I think that sports club activities are important in school education for two reasons. First, sports club activities **develop a spirit of cooperation** among students. Team sports such as soccer and baseball develop team spirit. Even **individual** sports such as judo and kendo develop **a sense of cooperation** by making students practice together with other students. Second, sports club activities develop **mental strength** among students. Sports club activities, especially **athletic competitions,** develop **determination** in students when they keep trying to achieve their goals in spite of great difficulties. For these two reasons, I think students should **participate in** sports club activities.

表現力をUPしよう！

- □ **develop** (考え、能力などを) 成長させる
- □ **a sense of cooperation** 協力 (協調) の精神　□ **individual** 個人的な
- □ **mental strength** 精神的な強さ　□ **athletic competitions** 運動競技の競争
- □ **determination** 意志の強さ、決断力　□ **participate in** 〜 ～に参加する

[訳] 私は 2 つの理由から、クラブ活動は学校教育に必要だと思います。第一にクラブ活動は生徒に協調の精神を育てます。サッカーや野球のような団体競技はチーム・スピリットを育てます。柔道や剣道などの個人競技でも生徒は他の生徒たちと一緒に練習することで、協調する精神が育ちます。第二に、クラブ活動は生徒たちの精神的な強さを鍛えます。クラブ活動、特に運動競技の競争は、大変な困難にあっても目的をやり遂げようとし続ける意志の強さを育てます。これらの 2 つの理由から、学生たちはクラブ活動に参加するべきです。

→ 反対の意見

I don't think that sports club activities are important in school education for two reasons. First, sports club activities have a negative effect on students' **schoolwork**. Many sports club activities are so **demanding** that many students are **stressed out physically** and mentally. After those hard club activities, they have little energy or time left to study at home. Second, sports club activities sometimes cause injuries and in the worst cases, death. Especially students who belong to **track and field** and judo **clubs** often suffer from injuries. For these two reasons, it is unnecessary for students to participate in sports club activities.

表現力をUPしよう！

□ **physically** 肉体的に、体力的に　□ **mentally** 精神的に
□ **track and field club** 陸上部

[訳] 私は次の2つの理由から、クラブ活動は学校教育には必要ではないと思います。第一にクラブ活動はとてもきついので、多くの生徒たちは体力的にも精神的にもストレスがたまります。それらの激しいクラブ活動の後には、彼らには家で一生懸命勉強するエネルギーも時間もほとんど残っていません。第二に、クラブ活動は時々けがを引き起こし、最悪の場合は死亡することもあります。特に陸上部や柔道部に所属する生徒はけがをすることがよくあります。これら2つの理由から、生徒たちがクラブ活動に参加することは必要ではないと思います。

いかがでしたか？　では、もう一問 Pro / Con クイズにチャレンジしていただきましょう！

問題2

次の設問について、以下の各文が pro の主張か con の主張か言ってみましょう。

Today, many students from foreign countries are studying in Japan. Do you think the number of these students will increase in the future?

1. An increasing number of wealthy families in Asian countries are sending their children to Japanese colleges or universities.

[(Pro) / Con]

2. Because of the lower value of the Japanese language, few foreign students are attracted to Japanese universities.

[Pro / (Con)]

3. An increasing number of foreign students have a keen interest in Japanese culture.

[(Pro) / Con]

4. Most Japanese universities are not among the highly-ranked universities in the world.

[Pro / (Con)]

解答と訳

今日、海外からの多くの学生たちが日本で勉強しています。将来、このような生徒の数は増えると思いますか？

1. Pro アジア諸国で増加している裕福な家庭は、子供たちを日本の大学に送り出しています。

ここがポイント!
　近隣のアジア諸国が裕福になり、中国や韓国などの学生が、文化的・地理的にも近い日本に留学しやすくなっていることに注目しましょう。

2. Con 日本語の価値が低いため、日本の大学に魅力を感じる外国の学生はほとんどいません。

ここがポイント!
　世界でのコミュニケーション手段として、日本語の価値は世界の言語手段となっている英語と比較すると低いですね。

3. Pro 日本の文化に非常に興味を持つ外国の学生が増えています。

ここがポイント!
　アニメ（animation）などのサブカルチャー（subculture）がネットの普及によって、たくさんの他国の若者をひきつけています。そこから、日本語や日本の文化に興味を持つようになる、ということです。

4. Con 日本の大学の大半は，世界の大学ランキングの上位には入りません。

ここがポイント!
　毎年発表される世界の大学ランキングには、東大や京大などの日本のトップ大学でさえ上位に入ることはありません。

表現力をUPしよう!

□ **have a keen interest in** ～に強い関心を持つ

　いかがでしたか？　では，これらの賛成（Pro）・反対（Con）のキーアイディアを使ったサンプルエッセイを見てみましょう。

モデル・エッセイ

→ 賛成の意見

I think that more and more foreign students will come to study in Japan for two reasons. Firstly, an increasing number of foreign students have a keen interest in Japanese culture and technology. For example, Japanese animation, which is **immensely** popular in the world, is attracting more and more students from foreign countries. Secondly, an increasing number of wealthy families in Asian countries are sending their children to Japanese colleges and universities. More and more rich families with high standards of living, especially in China, are giving their children educational opportunities to learn science and technology such as robotics and **bioengineering**.

表現力をUPしよう！

□ **immensely** 非常に，大いに　□ **bioengineering** 生物工学

[訳] 私は次の2つの理由から、ますます外国人の学生たちが日本に留学に来るだろうと思います。第一に，増加している外国人の学生たちは日本の文化やテクノロジーに強い関心を持っています。例えば、世界中で非常に人気のある日本のアニメはますます多くの海外からの留学生たちを魅了しています。第二に、アジア諸国で増加している裕福な家庭は、子供たちを日本の大学に送り出しています。ますます多くの、特に中国などの生活水準の高い裕福な家庭が、ロボット工学や生物工学などの科学やテクノロジーを学ぶ教育的機会を子供たちに与えているのです。

→ 反対の意見

I don't think that more foreign students will come to study in Japan for two reasons. First, very few Japanese universities are among the highest ranked in the world. **Therefore**, **ambitious** Asian high school students are attracted to **prestigious** universities in the West for advanced study. Second, the Japanese language has a much lower value than English. Unlike Japanese, English, spoken in many countries as their first or second language, is a **means** of global communication in various fields, including business, technology, and politics. Therefore, most Asian students will go to **English-speaking** countries for study.

表現力をUPしよう！

□ **therefore** したがって、その結果　□ **ambitious** 野心のある　□ **prestigeous** 名門の
□ **means** 方法、手段　□ **English-speaking country** 英語圏の、英語を話す

[訳] 私は次の2つの理由から、より多くの海外の学生たちが日本に勉強をしに来るとは思いません。第一に、世界的に最高のランクにある大学が日本には非常に少ないです。したがって、野心あるアジアの高校生たちはより高度な勉強のためには、欧米の名門大学に魅力を感じます。第二に、日本語は英語よりもずっと普及率が低いのです。日本語と違い、英語は第一、第二言語として多くの国々で話されており、ビジネス、テクノロジーや政治など様々な分野において意思伝達のための世界的な手段です。したがって、多くのアジアの学生たちは勉強のためには、英語圏の国々に行くでしょう。

　次はキーアイディアに続くサポートを考えるマッチング問題に挑戦していただきましょう。

03 サポートマッチング問題にチャレンジ！

問題

次の設問に関してキーアイディアとサポートのマッチングにトライしてみましょう。適切な組み合わせになるように1～4のキーアイディアに続くサポート文をア～エから1つずつサポートを選んでください。

Some people say that more children will study at home on the Internet instead of going to school. Do you think the number of such children will increase in the future?

1. Children who refuse to go to school is increasing in number. [イ]

2. Lack of social interaction could make students feel isolated. [ア]

3. Children with low motivation for learning cannot make academic progress in e-Learning. [ウ]

4. More attractive educational resources will be available on the Internet. [エ]

ア Children cannot have a face-to-face communication with their classmates, which is an enjoyable aspect of school life.

イ Children who have difficulty keeping up with the pace of school lessons are more attracted to e-Learning courses.

ウ A lack of teachers' encouragement to students seriously affects their motivation for study.

エ Thanks to educational and entertaining multimedia, children will find it attractive to take e-Learning courses.

075

解答と訳

学校に通うのではなくインターネットで勉強する子供が増えると言う人がいます。これらの子供の数は将来増えると思いますか?

1. 学校に行くことを拒否する子供の数は増えています。 `Pro`

正解 **イ** 学校の授業ペースについていくことが難しい子供は、E ラーニングのコースにより魅力を感じます。

▶ E ラーニングは、学習者のニーズに応じてカスタマイズしやすいからです。

2. 社会的な交流が少ないため、子供たちは孤独感を味わいます。 `Con`

正解 **ア** 子供たちは、学校生活の楽しい側面である、クラスメートと対面でのコミュニケーションができません。

3. 学習意欲が低い子供たちは、E ラーニングでは成績を伸ばすことができません。 `Con`

正解 **ウ** E ラーニングでは、教師から生徒への激励がないため、勉強へのモチベーションに悪影響を及ぼします。

4. より魅力的な教材がネット上で手に入るようになります。 `Pro`

正解 **エ** 教育的で楽しいマルチメディアのおかげで、子供たちは E ラーニングをより魅力的だと思うでしょう。

表現力をUPしよう!

- □ social interaction 社会的な交流 □ motivation モチベーション
- □ educational resources 教材 □ be available 入手できる
- □ face-to-face communication 対面コミュニケーション
- □ keep up with ～ ～についていく □ thanks to ～ ～のおかげで

04 ロジカルシンキング・トレーニングにチャレンジ！

　ではここからは論理的思考を鍛えるための「ロジカルシンキング・トレーニング」に挑戦していただきましょう。ここでは各問題にモデルエッセイと別の回答例が提示されています。**解答例は論理性がまずいアーギュメントを含むエッセイ**なので、文法や語法ではなくアーギュメントの論理性に焦点を当てて問題点を考えてください。それでは早速まいりましょう！

問題1

Do you think that high school students should do voluntary work during the school years?

［訳］高校生は就学中にボランティアをするべきだと思いますか？

→ 賛成の意見

Yes, I think so for two reasons. First, volunteer activities are very important because students can experience something that is similar to working. Many students say that they were able to imagine what a real job is like through volunteer activities. Also, volunteer activities help students develop a sense of responsibility. Since many high schools forbid their students to do part time jobs, they should join volunteer activities.

［訳］2つの理由からするべきだと思います。ボランティア活動は生徒たちが仕事と似た経験ができるので、とても重要です。多くの生徒たちはボランティア活動を通じて働くことをイメージすることができたと言います。また、ボランティア活動は生徒たちに責任感を教えてくれます。多くの高校は生徒がアルバイトをすることを禁止しているので、ボランティアに参加するべきです。

✏ エッセイライティングのポイント

　これはいかがですか。ボランティア活動は①「仕事に似た体験ができる」②「責任感を養う」の2つのポイントは強いアーギュメントでしょうか。1つ目は、まず working は家事やボランティアワークまでも含むので、work in the business world か何かにする必要がありますが、ここでは、ボランティア活動でする仕事の内容がどんなものか考えましょう。すると、高校生が行うボランティア活動は、清掃を始めとするコミュニティー活動や、被

077

災地での復興支援活動、高齢者支援活動などで、それらが実社会の仕事の内容とは異なる
ものであるとわかるはずです。むしろ学生に「達成感 (a sense of accomplishment)」や
「実用的な人生経験 (practical life experience)」を与えるという主張のほうが説得力があ
ります。

　次に Also 以下の 2 つ目のポイントはどうでしょうか。これはサポートがないという問題
点だけでなく、ボランティア活動はある程度責任感を鍛えるかもしれませんが強制力が弱
いので、勉強（宿題やテスト勉強をやらなければならないため）、クラブ活動（特にスポーツ
クラブは上下関係や規則が厳しいため）、アルバイト（ペイをもらうため最も責任感を鍛え
る）のほうが責任感を持って与えられた役割を果たすことから強い論点とは言えません。む
しろ、奉仕の精神を養うほうが強くなります。そこでこういった点を踏まえてリライトすると
次のようになります。

モデル・エッセイ

I think that high school students should do voluntary work during
the school years for two reasons. Firstly, it gives them **practical** life
experience. Through volunteer activities they will learn about how to
clean up the community and help **disaster victims** and sick elderly
people. These valuable experiences will give them a great **sense
of accomplishment**. Secondly, volunteer work develop **a sense of
public service** and **a community spirit**. Through volunteer activities
they learn the importance of **making a contributio**n to the **common
good** of society.

表現力をUPしよう!

□ **practical** 実質的な、実際の　□ **disaster victims** 被災者
□ **a sense of accomplishment** 達成感　□ **public service** 公共サービス
□ **community spirit** 共同体意識　□ **make a contribution to~** 〜に貢献 (寄与) する
□ **common good** 公益、公共の利益

[訳] 私は次の 2 つの理由から、高校生は就学中にボランティア活動をするべきだと思います。第一に、
それは彼らに実質的な人生経験を与えます。ボランティア活動を通じて、彼らは地域の清掃の仕方
や被災者や病気の老人たちの助け方を学ぶでしょう。これらの貴重な経験によって高校生は大きな
達成感を得ることができます。第二に、ボランティア活動は公共サービス精神や共同体意識を育て
ます。それを通じて彼らは社会の公益に貢献することの重要性を学びます。

→ 反対の意見

No, I don't think so for two reasons. First, by doing volunteer activities, they have less time to study. The most important thing for students is studying. Also, if volunteer activities are thought to be good for students, there will be more schools that force their students to do volunteer activities. However, that's against volunteer spirit. Students should choose to do volunteer activities of their own free will.

[訳] 2つの理由からするべきでないと思います。ボランティア活動をすることによって、勉強の時間が減ります。学生にとって一番大切なことは勉強です。また、ボランティア活動が生徒たちにとって良いものだと思われたら、生徒たちにボランティア活動をすることを強制する学校が増えるでしょう。しかし、それはボランティア精神に反しています。生徒たちは自分の意志でボランティア活動をするべきです。

✎ エッセイライティングのポイント

　このポイントは「学業への悪影響」と「ボランティア精神を損なうこと」ですが、1つ目は、時代に逆行する非常にネガティブな発想で、少なくとも英検の趣旨には反します。2つ目は論点がずれています。「活動を学校が強制」はここでは問題ではなく、「学生が活動をすべきかどうか」という問からそれているので無効となります。これらの点を踏まえてあえてリライトすると次のようになりますが、エッセイとしては弱く無理があります。

リライト例

I don't think that high school students should do voluntary work during the school years for two reasons. First, volunteer work will have a negative effect on their schoolwork. Most high school students are busy preparing for **college entrance exams**. Academic success is the most important thing for high school students, as it decides their future **career**.

`表現力をUPしよう！`

□ college entrance exam 大学入学試験　□ career 職業

[訳] 私は次の2つの理由から、高校生は就学中にボランティア活動をするべきだとは思いません。第一に、ボランティア活動は彼らの学業に悪い影響を与えます。たいていの高校生は大学入試のための準備に忙しいのです。学問的成功は高校生にとって最も重要であり、それは彼らの将来の職業を決定します。

問題2

Some people say that children today don't spend enough time playing with other children. What do you think about that?

[訳] 今日の子供たちは他の子供たちと遊ぶ十分な時間を過ごしていないという人もいます。それについてどう思いますか？

→ 賛成の意見

I agree with this opinion for two reasons. As children nowadays take more after-school lessons than those in the past, they have less time to play with other children. Also, it is often said that there are fewer parks for children to play in. Therefore, I think children today don't spend enough time with other children.

[訳] 2つの理由からこの意見に賛成です。今日の子供たちは以前の子供たちによりも習い事により時間を取られているので、他の子供たちと遊ぶ時間がより少なくなっています。また、しばしば子供たちが遊ぶ公園が少なくなっていると言われています。それゆえ、今日の子供たちは他の子供たちと遊ぶ十分な時間を過ごしていないと思います。

✏ エッセイライティングのポイント

　　トピックは、「本当に他の子供と遊んでいないか」という事実の検証というより、「他の子供と遊ばないことの問題点」についての見解を聞いているので、この答えはピントがずれています。また、「遊べる公園が少なくなっている」ことを「他の子供と遊ばないこと」の理由に挙げることは非論理的です。以上を踏まえてリライトすると次のようになります。このトピックでは反対意見は弱いので、賛成意見だけ記しておきます。

モデル・エッセイ

It is **regrettable** that children today don't spend enough time playing with other children for two reason. First, it has a negative effect on the healthy growth of children. Through spending time playing with other children, they develop **social skills** and a **cooperative spirit**. Children are **basically** self-centered, but they learn about the importance of helping each other and controlling their **emotions**. They also develop a sense of **independence** when they play with other children without their parents' **affection** or control.

表現力をUPしよう！

- □ regrettable 残念な、悲しむべき　□ social skill 社交術
- □ cooperative spirit 協調的精神、団結心　□ basically 基本的に
- □ self-centered 自己中心的な　□ emotion 感情、情緒　□ independence 独立
- □ affection 愛情、愛着

［訳］私は次の２つの理由から、今日の子供たちが他の子供たちと一緒に遊ぶ時間を十分に過ごせていないことは残念に思います。第一に、それは子供たちの健康的な成長に悪い影響となっています。他の子供たちと一緒に遊び時間を過ごすことは社交術や協調的精神を育みます。子供たちは基本的に自分本位ですが、一緒に遊ぶことで、お互い助け合い、自分の感情を制御することの重要性を学びます。彼らにはまた、親の愛着や制御を逃れて他の子供たちと一緒に遊ぶ時、独立心が育ちます。

満点突破攻略法

問題に対して解答のピントが
ずれないようにする！

UNIT 2

メディア分野

01 「メディア」問題の最重要トピックはこれだ！

　「メディア」問題は、テレビやインターネット中毒の問題、それに伴う広告の是非、さらには子供の教育問題にも発展します。テレビに関連した問題では、テレビ番組の内容について、テレビの廃止、テレビゲームの悪影響などが頻出のテーマです。

　メディア問題での頻出テーマは「テレビ」にまつわるもので、特に教育問題と関連して出題される傾向にあります。例えば「テレビ番組は子供の教育に良い影響を与えるか」、あるいは「テレビは良い情報源になりうるか」といった問題は出題が予想されます。

　また、インターネットと関連して「オンラインゲームの是非」「親は子供のインターネット、あるいはスマートフォン利用を制限するべきか」、または「オンライン新聞は紙の新聞にとって代わるか」といった問題、さらには「暴力シーンを含む映画の製作を規制するべきか」のような映画に関連した問題も準備が必要です。その他にも「広告」に関連した問題も重要で、「誇大広告は政府によって制限されるべきか」また、「広告によるメリット、デメリット」もアイディアをまとめておく方がよいでしょう。

02 Pro / Con 問題にチャレンジ！

問題 1

次の設問について、以下の各文が Pro の主張か Con の主張か言ってみましょう。

Some people say that advertisements have a positive influence on the society. What do you think about this?

1. Advertisements boost the economy by increasing consumption.

[Pro / Con]

2. Advertisements sometimes provide misleading information about products. [Pro / Con]

3. Advertisements bring huge benefits to consumers by decreasing product prices through mass consumption. [Pro / Con]

4. Advertisements cause unwanted purchases. [Pro / Con]

解答と訳

[広告は社会に良い影響を及ぼすと言う人がいます。それについてどう思いますか？]

1. Pro 広告は消費を増大させることによって経済を活性化させます。

ここがポイント！ 広告は、会社が儲かるだけでなく、経済全体にも影響を及ぼすという観点で書きましょう。

2. Con 広告は製品について誤解を招く情報を提供することがあります。

ここがポイント！ 効果的な広告は購買を促しますが、本当に価値のあるものと価値の無いものの区別が難しくなってしまいます。

3. Pro 広告は大量消費を通じて製品の価格を下げることによって消費者に莫大な利益をもたらします。

ここがポイント！ たくさん売れるようになれば、価格は下がります。それは消費者にとって好ましいことだと言えるでしょう。

4. Con 広告は不要な買い物をしてしまう原因となります。

ここが**ポイント！**
　　　　　　　　広告につられて必要のないものまで買ってしまい、後で後悔すること
があります。

表現力をUPしよう！

□ boost the economy 経済を活性化させる
□ misleading information 誤解を招く情報
□ bring huge benefit 莫大な利益をもたらす
□ unwanted purchase 不必要な買い物

　いかがでしたか？ では、これらの賛成（Pro）・反対（Con）のキーアイディアを使った
モデルエッセイを見てみましょう。

モデル・エッセイ

→ 賛成の意見

I agree that advertisements **make a positive impact on** society for two reasons. Firstly, they boost the economy by **stimulating consumption**. They encourage people to buy more products and services by using attractive fashion models and celebrities. In this way, stores and companies can increase the sales and profits. Secondly, consumers can **benefit from** cheaper products and services. Advertisements encourage **mass consumption** and **naturally** lower the prices of goods. For these two reasons, I think that advertisement is beneficial to society.

表現力をUPしよう！

□ make a positive impact on ～ ～に好影響を与える
□ stimulate consumption 消費を刺激する　□ benefit from ～ ～から利益を得る
□ mass consumption 大量消費　□ naturally 必然的に
□ be beneficial to ～ ～にとって有益である

［訳］2つの理由で、広告は社会に好影響を与えていることに賛成です。第一に、広告は消費を刺激して経済を活性化させます。モデルや有名人を使い、人々により多くの商品やサービスを買わせようとします。こうすることで、店や会社は売り上げと利益を増大することができます。第二に消費者は、より安い製品やサービスから利益を得ることができます。広告は大量消費を促し、それが必然的に商品の値段を下げることになります。これら2つの理由で、広告は社会に有益だと思います。

084

→ 反対の意見

I don't think that advertisements have a positive influence on society for two reasons. Firstly, advertisements can cause **overconsumption**, and sometimes lead to unwanted, unnecessary purchases. Customers often **regret** spending too much money on items or services that they do not need. Secondly, advertisement can give misleading information about product quality to consumers. Most advertisements **deliberately** make products look much better than they really are, and shoppers can end up disappointed after their purchase. For these two reasons, I think that advertisement is not good for society.

表現力をUPしよう！

☐ overconsumption 過剰消費　☐ regret ...ing 〜したことを後悔する
☐ deliberately わざと

[訳] 2つの理由で、広告が社会にプラスの影響をもたらすとは思いません。第一に、広告は過剰消費を引き起こし、時に不必要な買い物につながりえます。顧客はよく必要のない商品やサービスにお金を費やしすぎたことを後悔します。第二に、広告は消費者に対し商品の質について誤解をまねく情報を与えることがあります。ほとんどの広告は実際よりもわざと商品をずっとよく見せ、買い物客は買い物した後がっかりすることになります。これら2つの理由から、広告が社会にとって良いとは思いません。

いかがでしたか？では、もう一問 Pro / Con クイズにチャレンジしていただきましょう！

問題 2

次の設問について、以下の各文が pro の主張か con の主張か言ってみましょう。

Some people say that parents should allow elementary school children to have cell phones. What do you think about this?

1. Children become addicted to games on their smart phone.

[Pro / Con]

2. Cell phones make it easier for parents to get in touch with children.

[Pro / Con]

3. Cell phones make it easier for students to build friendships with their classmates.　　　　　　　　　　[Pro / Con]

4. Using cell phones distract children from schoolwork and may also cause accidents. [Pro / Con]

解答と訳

[親は小学生が携帯電話を持つことを許すべきだという人がいます。それについてどう思いますか？]

***1.* Con** 子供たちはスマートフォンのゲーム中毒になります。

ここがポイント！

子供たちはスマートフォンのゲームに夢中になり、学業成績や視力の低下といった悪影響を及ぼします。

***2.* Pro** 携帯電話によって親は子供と連絡を取りやすくなります。

ここがポイント！

近年は公衆電話が少ないので、携帯電話が無いと保護者は子供との連絡をとることが難しくなってしまいます。

***3.* Pro** 携帯電話は学生がクラスメートと友情を育むのを容易にします。

ここがポイント！

携帯電話がないと、クラスメートとの会話についていくことが難しくなってしまう可能性があります。

***4.* Con** 携帯電話を使用することは子供の学業からの注意力を削ぎ、交通事故を引き起こす可能性があります。

ここがポイント！

携帯電話を見ながら歩いたり、自転車に乗ったりしたことによる事故が社会問題になっています。

表現力をUPしよう！

□ **become addicted to** 〜 ～の中毒になる
□ **get in touch with children** 子供と連絡を取る □ **build friendship** 友情を育む
□ **distract A from B** B から A の気をそらす

　いかがでしたか？ では、これらの賛成 (Pro)・反対 (Con) のキーアイディアを使ったサンプルエッセイを見てみましょう。

モデル・エッセイ

→ 賛成の意見

I agree that elementary school children should be allowed to have cell phones for two reasons. Firstly, cell phones can greatly **enhance** children's safety. **In case of an emergency**, children can contact the police or their parents easily with their mobile phones. Secondly, cellphones make it easy for parents to contact their children to tell them what to do. Nowadays, as **a growing number of** parents work and come home late, cellphones are an **essential** tool for them to **keep an eye on** their children **in their absence**. For these two reasons, I think that elementary school children should have mobile phones.

表現力をUPしよう！

□ enhance ～ ～を高める　□ in case of an emergency 緊急の場合
□ a growing number of ～ ますます多くの～　□ essential 欠かすことのできない
□ keep an eye on ～ ～から目を離さない　□ in one's absence ～が不在の時に

[訳] 2つの理由で、小学生は携帯電話を持つことを許されるべきだと思います。第一に、携帯電話は子供の安全性を高めます。非常時に、子供は携帯電話を使ってすぐに警察や両親に連絡することができます。第二に、携帯電話により親が子供に連絡してするべきことを伝えるのが簡単になります。最近では、多くの親が働き家に帰ってくるのが遅いので、携帯電話は親が不在中も子供から目を離さないための不可欠なツールです。これら2つの理由から、小学生は携帯電話を持つべきだと思います。

→ 反対の意見

I disagree that school children should be allowed to have cell phones for two reasons. Firstly, cell phones can have a negative effect on their **schoolwork**. Children may exchange text messages with their classmates or play games on the phone when they **are supposed to** be studying. Secondly, cell phones can **put** children **in danger** when they focus too much on using their cell phone while walking on the street. Mobile phones **distract** children's attention, which makes it more likely for children to **get involved in** an accident. For these two reasons, I don't think it is better for parents to allow their children to have mobile phones.

表現力をUPしよう！

☐ schoolwork 学業　☐ be supposed to do 〜 do することになっている
☐ put 〜 in danger 〜を危険にさらす　☐ get involved in 〜 〜に巻き込まれる

[訳] 2つの理由で、小学生が携帯電話を持つことが許されるべきだとは思いません。第一に、携帯電話は学業に悪い影響を及ぼしかねません。子供は勉強すべきときに、クラスメートとメールをやりとりし、ゲームをするかもしれません。第二に、歩いているときに携帯電話を夢中になって使用すると危険です。携帯電話は子供の注意をそらし、それにより子供は事故に巻き込まれる確率が高まります。これら2つの理由から親は子供に携帯電話を持たせないほうがよいと思います。

　次はキーアイディアに続くサポートを考えるマッチング問題に挑戦していただきましょう。

03 サポートマッチング問題にチャレンジ！

問題

次の設問に関してキーアイディアとサポートのマッチングにトライしてみましょう。適切な組み合わせになるように1～4のキーアイディアに続く文をア～エから1つずつサポートを選んでください。

> Nowadays, anyone can post information on the Internet. Do you think the Internet contents should be controlled?

1. Harmful content can prevent children's mental development.

[　]

2. It violates freedom of expression. [　]

3. It has a risk of invasion of privacy. [　]

4. It has a negative effect on information gathering. [　]

ア Children tend to carelessly reveal personal information on their friends' names or backgrounds on social media.

イ As a lot of useful information or latest news is posted on the Internet, users can become familiar with various topics that they otherwise might not be able to.

ウ Controlling online content can discourage people from communicating important messages to others on the Internet.

エ Young people are so naïve that watching scenes of sex and violence too much on the Internet will cause them to lose their sense of morality.

解答と訳

今日、インターネット上にだれでも情報を掲載することができます。ネット上の内容をもっと規制するべきだと思いますか？

1. 有害な内容は子供の健やかな心の成長を妨げます。 `Pro`

`正解` **エ** 10代の若者は精神的に未発達な部分が多いので、ネット上で性や暴力を多くみると、道徳観を損なうことになります。

089

2. 表現の自由を侵害します。　　　　　　　　　　　　　　　　　Con

正解　ウ　インターネットの内容を規制することで、他者に対する重要なメッセージをネット上で表現
　　　　したがらなくなってしまいます。

3. プライバシーの侵害の危険があります。　　　　　　　　　　　　Pro

正解　ア　子供たちは友人の名前や経歴を不注意にも、ソーシャルメディア上で公開しがちです。

4. 情報収集に悪影響を与えます。　　　　　　　　　　　　　　　　Con

正解　イ　有益な情報や最新ニュースがたくさんネット上で公開されているので、インターネットユー
　　　　ザーは様々なトピックに精通できますが、ネット規制がかかると、それができなくなります。

表現力をUPしよう!

□ violate freedom of expression 表現の自由を侵害する
□ invasion of privacy プライバシーの侵害
□ reveal personal information 個人情報を公開する
□ backgrounds 経歴　□ become familiar with ～ ～に精通する
□ otherwise そうでなければ　□ sense of morality 道徳観

04 ロジカルシンキング・トレーニングにチャレンジ！

それでは「ロジカルシンキング・トレーニング」に挑戦です。エッセイの論理性に焦点を当てて、どのような点を改善するべきか考えていきましょう。

問題

Do you think watching TV is a good way to get information?

[訳] テレビを観ることは情報を得るための良い方法だと思いますか？

→ 賛成の意見

Yes, I think so for two reasons. We can receive a lot of useful information through TV. Many educational TV programs are very easy to understand because videos are used. Also, watching TV is less likely to cause misunderstandings than listening to the radio. There is a proverb that goes, "Seeing is believing." Therefore, I think TV offers good information for us.

[訳] 以下の２つの理由からそう考えます。私たちは多くの有益な情報を、テレビを通じて受け取ることができます。多くの教育テレビ番組は、動画を使っているのでとても理解しやすいです。また、テレビを見ることは、ラジオを聞くよりも誤解しにくいです。実際、「百聞は一見にしかず」ということわざがあります。したがって、私はテレビが私たちに良い情報を提供すると思います。

✏ エッセイライティングのポイント

これはいかがですか。２つ目のポイントは、格言を使って説得力があるように見えますが、ラジオとの比較で弱く、DVDやインターネットなど visual に訴えるものもたくさんあります。従ってそれよりもテレビ番組のコンテンツにもっと焦点を当ててリライトすると次のようになります。

モデル・エッセイ

I think that watching TV is a good way to get information. There are a wide variety of useful programs on TV, **including** programs on news, documentaries and education. News programs give viewers a lot of information about what is going on in the world, including information about natural disasters and political changes. Documentaries and

091

educational programs also give viewers **valuable** knowledge of various subjects including business, politics, science, and history and religion.

表現力をUPしよう！

□ including 〜 〜を含めて　□ valuable 価値ある、貴重な

[訳] 私はテレビを視聴することは情報を得る良い方法だと思います。テレビでは、例えばニュース番組やドキュメンタリーや教育など、役に立つ多種多様の番組があります。ニュース番組は自然災害や政変を含め視聴者に世界で今起こっていることについての多くの情報を与えます。ドキュメンタリー番組と教育番組は視聴者たちに、ビジネス、政治、科学、歴史や宗教など様々なテーマについての価値ある知識を与えています。

満点突破攻略法

ポイントがマイナーなケースしかない場合は書かない！

→ 反対の意見

No, I don't think so for two reasons. Some TV programs show violent scenes that can have a negative influence on children. It is often pointed out that they contribute to creation of violent school children. Also, many TV contents are so addictive that they tend to spend less time reading or studying. For the reasons above, I think TV does more harm than good.

[訳] 以下の２つの理由からそう思いません。いくつかのテレビ番組は暴力的なシーンを見せ、子供に悪影響を及ぼします。しばしば、それらは暴力的な学生を生み出すことにつながっていると指摘されています。また、多くのテレビ番組は非常に中毒性が強いので、読書や勉強に割く時間が減りがちです。上記の理由から、テレビは害のほうが多いと思います。

✏ エッセイライティングのポイント

この意見にはどのような問題点があるでしょうか？それは「問題に対する応答が完全に逸れている」という点です。問題文は「テレビは情報を得るための良い方法だと思いますか」となっていますが、回答は「テレビの影響によって子供が暴力的になる」、「読書と学習の時間が減る」のように、「テレビが優れた情報源であるか」という問いには一切触れられてい

ません。前にも述べましたが、問われていることに適切に応えていないと 0 点になる可能性
があります。ですので、書き終わった後は自分の書いたエッセイの内容が問題に適切に応え
ているかを毎回チェックすることを習慣づけるようにしましょう！

　ちなみにこの問題の No の解答は非常にレベルが高く難しいことから書かない方が得策
ですが、参考のために解答例を挙げておきます。

モデル・エッセイ

I don't think that watching TV is a good way to get information for
two reasons. First, most TV content is exaggerated to **increase
the audience rating** by **TV productions**. They often try to
overemphasize facts to impress or surprise audience, which
applies even **to** news and documentary programs. Second, many
TV programs are not reliable **sources of information** because they
are often controlled by politicians and **interest groups**. They try to
influence TV companies to **adopt** certain policies or **measures**.

表現力をUPしよう！

□ increase the audience rating 視聴率を上げる
□ TV production 番組制作会社　□ overemphasize 大げさに表現する
□ apply to 〜 〜に当てはまる　□ a source of information 情報源
□ interest group 利益団体　□ adopt 採用する　□ measure 手段

[訳] 私は以下の 2 つの理由からテレビを見ることは情報を得る良い手段だとは思いません。第一に、ほ
とんどのテレビコンテンツは視聴率を上げるために番組制作会社によって大げさに表現されている
からです。それはしばしば視聴者を感動させたり驚かせたりするために事実を過度に強調しようと
します。これはニュース番組やドキュメンタリー番組にさえも当てはまることです。第二に、多くのテ
レビ番組は信頼できる情報源ではないからで、それらは政治家や利益団体によってコントロールされ
ているからです。それは特定の政治政策や手段を採用するためにテレビ局を動かそうとします。

問題

These days, there are movies that have many violent scenes. Do you think companies should stop making these movies?

[訳] 最近、多くの暴力的なシーンのある映画があります。企業はこのような映画の製作をやめるべきだと思いますか?

→ 賛成の意見

I think so for two reasons. Violent scenes encourage children to behave violently. In fact, it is often pointed out that bullying or violence in schools have increased. Also, the bad behavior of criminals in movies have a negative influence on children's mental development. By watching this, some children will lose a sense of sympathy.

[訳] 2つの理由からそう思います。暴力的なシーンは子供たちが暴力的に振る舞うことを助長します。実際、校内でのいじめや暴力行為が増えているとしばしば指摘されています。また、映画に登場する悪役たちの行動は、子供の精神的な発達に悪影響を及ぼします。それらを見ることによって、思いやりを失ってしまう子供もいるでしょう。

✎ エッセイライティングのポイント

　これはいかがですか。1つ目のポイントは「いじめなどの暴力行為の助長」、2つ目は「子供の思いやりをなくさせる」ですが、「いじめ」は思いやりの欠如の表れでもあるので、オーバーラップ(重複)します。そこでオーバーラップしないようにリライトすると次のようになります。

モデル・エッセイ

I think that movie companies should stop making such violence movies for two reasons. First, watching violent scenes makes children violent, stimulating their **aggressive instincts**. In fact, television and newspapers often report many cases of **bully**ing and other types of violent behavior at school. Second, watching violent scenes will have a negative effect on young viewers' **academic development**. They often become **addicted to** those types of scenes, and therefore lose motivation for studying school subjects.

表現力をUPしよう！

- □ **aggressive** 攻撃的な　□ **instinct** 本能、直観　□ **bully** （人）をいじめる
- □ **academic development** 学力向上
- □ **addicted to 〜** 〜（麻薬，酒などに）病みつきになる、依存症になる

[訳] 映画会社は次の2つの理由から、暴力的な映画を作ることをやめるべきです。
第一に、暴力シーンを視聴することは子供たちを暴力的にし、彼らの攻撃的な本能を刺激します。実際、テレビや新聞で、学校での多くのいじめや他のタイプの暴力的行動のケースが報道されています。第二に，暴力的なシーンを視聴することは若い視聴者たちの学力向上に悪影響を与えます。若者たちはしばしばこのような暴力シーンに夢中になり、学校の科目を勉強する意欲を失っています。

満点突破攻略法

賛成か反対のどちらの意見が良いかを見極める！

→ 反対の意見

No, I don't think so for two reasons. Even though children watch violent movies, they will not necessarily behave violently. Almost all children have watched violent movies, but most of them grow up without any trouble. Although some say that children will imitate violent behavior, most children can understand the difference between fiction and reality.

[訳] 以下の2つの理由からそうは思いません。たとえ子供たちが暴力的な映画を見たとしても、必ずしも暴力的な振る舞いをするわけではありません。ほとんどの子供たちは暴力的な映画を見たことがありますが、彼らの大半は何の問題もなく育ちます。子供たちは暴力的な振る舞いを真似すると言う人もいますが、大半の子供たちは仮想と現実の違いを理解しています。

ワンランクアップポイント ↗

　反対意見は苦しいですね。社会問題について論じるときは特にそうですが、常に**ポイントが強いかどうか**を考えてください。TV violence を見て子供が現実と仮想の違いがわからなくなったり、その影響を受けて violent になったりすることはよく社会問題となっており、影響を受けないより受けるほうが数段多いので、やはり賛成側の意見で書くほうがよいトピックです。

UNIT 3

ライフ分野

01 「ライフ」問題の最重要トピックはこれだ！

> 「ライフ」問題は、子供の生活環境から、それに伴い、都会暮らしと田舎暮らしについて、食生活、喫煙問題、ストレスなどが頻出のテーマとなります。また、子育てやペットに関連する問題についても押さえておきましょう。

　ライフ問題で頻出のテーマは、「子供の生活」についてでしょう。例えば、**都会暮らし (city life)** と**田舎暮らし (country life)** のどちらが子供にとってよいか、ファストフードや食の欧米化などの**食生活の変化 (a change of diet)**、「大学受験の是非」その他、学校生活や部活動に関するトピックなどが重要です。

　また、子供の生活以外では、やはり喫煙と飲酒の問題は欠かせない分野です。レストランなどにおける**分煙 (separation of smoking areas)** も禁煙エリアに煙が入り込むことがあることから、しばしば問題になります。「喫煙者の権利を擁護するべきか」「禁煙を推し進めていくべきか」についても、自分の主張をまとめておくとよいでしょう。

　さらに、ペットに関する問題も2次試験で複数回出題されたことがあり、要注意です。「ペットを飼うことそのものが良いことなのか」といった動物の権利に関する問題は、類似テーマとして動物園やサーカスの是非についても当てはまります。「ペットを飼うことのメリットとデメリット」についても意見をまとめておきましょう。

02 Pro / Con 問題にチャレンジ!!

問題 1

次の設問について、以下の各文が Pro の主張か Con の主張か言ってみましょう。

Some people say that people will cook at home less often in the future. What do you think about this?

1. More and more convenience stores sell a variety of side dishes.

[Pro / Con]

2. It is costly to eat out or buy food at stores [Pro / Con]

3. Food offered at restaurants is mostly unhealthy. [Pro / Con]

4. More and more women work outside of the home and come back home in the evening. [Pro / Con]

解答と訳

将来、自宅で料理をする人が減るという人がいます。これについてどう思いますか?

1. **Pro** ますます多くのコンビニエンスストアが様々な種類のおかずを売っています。

> ここがポイント!
> 便利な一人前の惣菜が売られており、種類も豊富なこと (a wide variety of food) から、自炊をする必要がないと考えることができます。

2. **Con** 外食したり店で食べたり買うと、高くつきます。

> ここがポイント!
> たいていの場合、自炊するよりも外食したり (eat out)、惣菜を買うほうが高くつきます。

3. **Con** レストランで提供される食べ物はほとんどの場合、不健康です。

> ここがポイント!
> 外食すると野菜が不足しがちになるなど、栄養のバランスが偏ってしまいます。また味付けが濃かったり (strong-seasoning)、脂分や塩分が多くて (be oily and high in salt)、これも健康的ではないと言えます。

4. Pro　ますます多くの女性が家の外で働き、夕方に帰宅します。

> ここがポイント！
>
> 　　　　　長引く不況 (economic downturn) や、女性の社会進出 (women's participation in society) によって、外で働く女性が増え、専業主婦が減り、夕食を作る時間がなくなるというケースが考えられます。

表現力をUPしよう！

□ costly 値段が高い　□ eat out 外食する　□ mostly たいていの場合

　いかがでしたか？ では、これらの賛成 (Pro)・反対 (Con) のキーアイディアを使ったサンプルエッセイを見てみましょう。

モデル・エッセイ

→ 賛成の意見

I think that people will cook at home less often in the future for two reasons. First, more and more convenience stores and department stores have been selling one portion of food. As the result, people, especially office workers, don't have to cook by themselves at home. Second, an increasing number of working women come back home late in the evening. Because of women's **growing influence in society**, more and more women participate in **paid work** and have very little time to cook meals at home.

表現力をUPしよう！

□ a growing influence on society ますます高まる社会への影響
□ paid work 有給の仕事、賃金労働

［訳］ 私は次の 2 つの理由から、将来人々が家庭で調理をする機会はもっと減るだろうと思います。第一に、より多くのコンビニや百貨店が一人前の食べ物を売るようになっています。その結果、人々、特に会社員たちは家で自分で調理をする必要がありません。第二に、夜遅くに帰宅する働く女性が増えています。女性が社会に与える影響が大きくなっており、より多くの女性たちが賃金労働に従事しており、家庭で調理をする時間がほとんどありません。

→ 反対の意見

I don't think that people will cook at home less often in the future for two reasons. First, it is far more costly to eat at restaurants or buy a variety of ingredients at food stores. Meals served at restaurants are usually three times more expensive, and many main and side dishes **available** at department stores are twice as expensive as meals you cook at home. Second, food served at restaurants is usually less healthy than food cooked at home. While most restaurants serve **high-calorie food**, most families cook a **nutritious well-balanced diet** at home.

表現力をUPしよう!

□ **available** 市販されている、利用できる □ **high-calorie food** 高カロリーな食べ物
□ **nutritious** 栄養の、栄養価が高い □ **well-balanced diet** バランスの取れた食事

[訳] 私は次の2つの理由から、将来人々が家庭で調理をする機会がより少なくなるとは思いません。第一に、レストランで食事をしたり、食料店で様々な食材を買うのはずっと高くつきます。レストランの食事は通常、3倍高くつき、デパートで市販されているメインディッシュやおかずは家庭で調理する食べ物に比べて2倍高くつきます。第二に、レストランで提供される食べ物は通常家庭で調理する食べ物に比べて健康的ではありません。多くのレストランの食べ物は高カロリーである一方、多くの家庭の食べ物は栄養価が高く、バランスが取れています。

　次はキーアイディアに続くサポートを考えるマッチング問題に挑戦していただきましょう。

03 サポートマッチング問題にチャレンジ！

次の設問に関してキーアイディアとサポートのマッチングにトライしてみましょう。適切な組み合わせになるように 1 〜 4 のキーアイディアに続くようにア〜エから一つずつサポートを選んでください。

問題

Nowadays, many people keep pets at home. Do you think animals are happy when they are kept as pets?

1. Pets are guaranteed their everyday meals.   [   ]

2. Pets can live in safe living environments.   [   ]

3. Pets can't spend their free lives.   [   ]

4. Pets lose their chances to have their young.   [   ]

ア Pets are always kept under their owners' control. They cannot go outside as they like and may feel a lot of stress.

イ Pets can spend most of their time in their owners' houses. Different from wild animals, they are seldom attacked by their enemies.

ウ Pets are unnaturally forced to live in a human society. Therefore, they cannot mate with the opposite sex.

エ Pets don't have to spend their time searching for their foods, because they don't need to worry about starving to death.

解答と訳

今日では多くの人が家でペットを飼っています。動物たちはペットとして飼われているとき、幸せだと思いますか？

1. ペットは毎日の食事が保障されています。 `Pro`

正解 エ ペットは食べ物を探すことに時間をかける必要がありません。なぜなら、飢え死にする心配がないからです。

2. ペットは安全な居住環境で暮らすことができます。 `Pro`

正解 イ ペットは飼い主の家でほとんどの時間を過ごすことができます。野生動物と違って、ペットは敵に襲われることがほぼありません。

100

3. ペットは自由な一生を送ることができません。 　　　　　　　Con

正解 ア ペットは常に飼い主の管理下で飼われています。ペットは好きなように外にいくことができ
ませんし、多くのストレスを感じているかもしれません。

4. ペットは子供を作る機会を奪われています。 　　　　　　　Con

正解 ウ ペットは人間の環境で不自然に暮らすように強制されています。それゆえ、交尾することが
できません。

表現力をUPしよう！

□ guarantee ～ … ～に … を保障する 　□ have one's young （動物が）子どもを持つ
□ keep ～ under (one's) control ～を（人の）支配下に置く 　□ enemy 敵
□ be forced to ～ ～することを強制される 　□ mate with ～ ～と交尾する
□ starve to death 飢え死にする

ワンランクアップポイント ↗

　動物たちがペットとして飼われる主な Pro は「安全性」、Con は「不自由」が挙げられ、
人間と一緒に暮らすことで常に「死」に曝されることはないものの、野生動物とは異なる一
生を送ることになり、自分の子孫をうまく残せないというような「不自然さ」があることを
認識しておきましょう。

101

04 ロジカルシンキング・トレーニングにチャレンジ！

　それでは「ロジカルシンキング・トレーニング」に挑戦です。エッセイの論理性に焦点を当てて、どのような点を改善するべきか考えていきましょう。

問題

Today, many people go to gyms to exercise in their free time. Do you think the number of such people will increase in the future?

[訳] 今日、多くの人々は余暇に運動するためにジムに行きます。これらの人々は将来増えると思いますか？

→ 賛成の意見

Yes, I think so for two reasons. Firstly, many workers in Japan sit in front of computers all day long and don't get much exercise. So, gyms are important for them to stay healthy. Secondly, gyms offer many attractive services. For example, some gyms are open 24 hours a day, while others are equipped with public baths or massage chairs.

[訳] 以下の2つの理由からそう思います。1つ目に、日本の多くの労働者たちは一日中コンピュータの前に座り、運動不足になっています。なので、ジムは彼らが健康を維持するために重要なのです。2つ目に、ジムは多くの魅力的なサービスを提供します。例えば、24時間営業のジムもありますし、公衆浴場やマッサージチェアが付いているジムもあります。

✏ エッセイライティングのポイント

　これはいかがですか。英検2級のライティングトピックは「〜は増えると思いますか」が多いので要注意です。問題では「ジムに行く人が増えると思いますか」という「未来予測」を問われているにもかかわらず、解答例では運動の大切さや、ジムの特徴しか述べられていません。

満点突破攻略法

"〜 will increase in the future?" のように未来のことを問われていれば必ず予測を述べよ！

102

モデル・エッセイ

I think that the number of people who **work out** at gyms will increase in the future for two reasons. Firstly, there is **a growing health-consciousness** among Japanese people, especially workers who sit in front of computers all day long and **suffer from lack of exercise**. **Therefore**, more and more people will go to the gym to **relieve stress**. Secondly, gyms are offering more and more attractive services. Some gyms are open 24 hours a day, and are **equipped with** most advanced training machines and massage chairs.

表現力をUPしよう！

- □ **work out**（規則的に運動して）体を鍛える
- □ **a growing health-consciousness** 健康意識の高まり
- □ **suffer from lack of exercise** 運動不足に悩む □ **therefore** したがって、その結果
- □ **relieve stress** ストレスを解消する □ **equip ～ with** ～に…を備える

[訳] 以下の2つ理由から、ジムで体を鍛える人たちの人数は将来増えると思います。第一に、日本人、特に一日中コンピュータの前に座り、運動不足の労働者たちの中で健康意識が高まっています。その結果、ますます多くの人々がストレス解消のためにジムに行くでしょう。第二に、ジムはますます多くの魅力的なサービスを提供しています。24時間営業で、最新のトレーニングマシンやマッサージチェアを備えたジムもあります。

それでは今度は反対意見を見てみましょう。

→ 反対の意見

I don't think so for two reasons. Firstly, the Japanese economy has been bad, and people cannot afford to pay monthly gym fees. Secondly, most people are so busy and tired that they cannot go to a gym regularly. So, they will think that gym fees are waste of money.

[訳] 私はそうは思いません。1つ目に、日本経済は悪く、人々は月々のジム会費を払う余裕がありません。2つ目に、ほとんどの人々はとても忙しく疲れているので、定期的にジムに通うことができません。なので、ジムの会費は金の無駄だと考えるでしょう。

✏ エッセイライティングのポイント

これはいかがですか。2つのポイント「お金の余裕がない」「仕事に疲れでジムに行けない」まではいいのですが、その後の「ジムの会費の無駄」とすると、2つともお金のことになって偏っているように聞こえるので、「疲れていてジムに行く余裕がない」で止めます。以上を踏まえてリライトすると次のようになります。

103

モデル・エッセイ

I don't think that the number of people who work out at gyms will increase in the future for two reasons. Firstly, since the Japanese economy has not fully recovered yet, most people **can**not **afford to** go to a gym. For example, the **monthly fees** are too costly to many office workers who have difficulty making monthly loan payments. Secondly, most people are so busy with and tired from work that they cannot go to the gym after work on weekdays. Even on weekends they **have no stamina** left to work out at gyms.

表現力をUPしよう！

□ can(not) afford to do ～する余裕がある（無い）　□ monthly fees 月会費
□ have no stamina スタミナがある

[訳] 私は次の2つの理由から、ジムで体を鍛える人の人数は将来増えるとは思いません。第一に、日本経済はまだ十分に回復していないので、多くの人たちにはジムに通う余裕はありません。ジムの月会費は例えば毎月のローンの支払いが困難な多くの会社員たちにとっては高くつき過ぎます。第二に、たいていの人々は仕事が忙しくて疲れているため、平日仕事の後にジムに通うことが出来ません。週末でさえ、ジムで体を鍛えるスタミナが残っていません。

満点突破攻略法

サポートが別のポイントとオーバーラップしていないか必ず確認せよ！

問題

Some people say that young people today are not kind to elderly people. What do you think about this?

[訳] 若者はお年寄りに対して親切でないと言う人がいます。それについてどう思いますか？

→ 賛成の意見

I agree with this opinion for two reasons. First, young people tend to be self-centered. Many of them do not offer their seats to elderly people in a train. They use their smartphones and pretend not to notice them on the train. Also, many young people regard elderly people as a social burden and behave rudely toward them.

[訳] 2つの理由からこの意見に賛成です。第一に若者は自己中心的な傾向があります。なので、彼らの多くは電車内でお年寄りに席を譲りません。スマートフォンを使用し、気づかないふりをします。また、多くの若者はお年寄りを社会の重荷だとみなし、彼らに対して無礼な振る舞いをします。

✏ エッセイライティングのポイント

　これはなかなかよさそうですが、2つ目のポイントが、不親切であることに触れられておらず、サポートもないのでリライトすると次のようになります。

モデル・エッセイ

I don't think that young people today are kind to elderly people. They are selfish and **inconsiderate to** elderly people in many situations. For example, **hardly** any of them give up their seats, even to weak elderly people on the train. They also think that elderly people are **a financial burden** on society because they **live off** a large amount of pension. They don't show any respect to people who have **made a great contribution** to the development of society.

表現力をUPしよう！

□ inconsiderate to 〜 〜に思いやりがない　□ hardly ほとんどない
□ a financial burden 経済的負担　□ live off 〜 〜に頼りきって生計を立てる
□ pension 年金　□ make a great contribution to 〜 〜に多大なる貢献をする

［訳］私は若者は高齢者に優しい態度をとっていないと思います。彼らは多くの場面で高齢者に対して自分勝手で思いやりが欠けていると思います。例えば、弱々しいお年寄りにさえ電車で席を譲る若者はまずいません。彼らはまた多額の年金に頼り切って生計を立てていることから、高齢者は社会にとって経済的負担になっていると考えています。これまで社会発展に多大なる貢献をしてきた人に敬意を表していないと思います。

満点突破攻略法

賛成か反対のスタンスは 説得力のあるほうを選ぶ！

→ 反対の意見

I disagree with this opinion. Although some people are disrespectful toward elderly people, many others are not. They think elderly people's knowledge is very precious to younger generations. Also, many young people think they should learn many things from elderly people, such as appropriate manners, polite language, and traditional culture.

［訳］反対です。一部に人たちはお年寄りに無礼な態度をとりますが、他の多くの人は違います。彼らはお年寄りの知識はとても貴重だと思っています。また、多くの若者は、適切な振る舞い、敬語、伝統文化など多くの物事をお年寄りから学ぶべきだと思っています。

ワンランクアップポイント ↗

　これは苦しいですね。まず many は、1千万人いればそのうちの1割の100万の場合でも使えるので most にしなければいけませんが、でもそれは本当でしょうか。その後の事例も若者にあてはまることでなければ弱い意見となるので、こういった場合は賛成側の意見で書きましょう。ちなみに、最近は公共の場で自分勝手な言動を繰り返すなど、若者から眉をひそめられるような高齢者も増えています。社会学者によれば、若者たちは今の高齢者がバブル経済に浮かれた結果国の膨大な借金を作り出したにもかかわらず、高額な年金を受け取り「彼らのせいで自分たちの生活が苦しくなっている」と感じているとのことです。

UNIT 4

文化・レジャー分野

01 「文化・レジャー」問題の最重要トピックはこれだ！

「文化・レジャー」問題は、過去の伝統文化についてよりも、最近のポップカルチャーの方が狙われる傾向にあることから映画やアニメ、SNS などのテーマは重要トピックです。また、現代生活と深いかかわりのあるスポーツジムやコンビニエンスストア、ファミリーレストランについて、さらに、旅行も以前からよく出題されてきたレジャー分野なので、旅行に関する語彙や知識を増やしておきましょう。

文化・レジャーは、最近の日本が**観光立国 (tourism-oriented country)** としての立場を強調しており、観光客数が増加している背景から考えても重要になってくる分野でしょう。まず、文化に関しては、最近のポップカルチャーとして重要な地位を占めている映画やアニメ、ゲーム、カラオケといった外国人に人気の分野は頻出テーマです。また、フェイスブックや LINE といった SNS がしばしば学生の間で**いじめ (bullyng)** などの問題を引き起こしており、学生に使用させることについて出題される可能性が高いと言えます。

その他、スポーツに関連したテーマでは、エッセイ・ライティングの問題として、「プロの運動選手の来日が増えるか？」という問題が出題されました（準会場試験）。また、現代人は**夜型生活の人 (a night person)** が多く、コンビニエンスストアやファミリーレストランなど 24 時間営業の店が必要なのかどうかも問題となります。最近では、一部のファミリーレストランでは 24 時間営業を止める動きも見られ、注目すべきポイントであると言えるでしょう。

最後に、旅行は以前からよく出題されてきたテーマではありますが、グループでの旅行の是非、最近の若者の海外旅行離れ、外国人旅行者による**爆買い (shopping spree)** なども今後出題される可能性があります。

02 Pro / Con 問題にチャレンジ！

問題

次の設問について、以下の各文が Pro の主張か Con の主張か言ってみましょう。

> Some people say that we should limit the number of visitors to famous historical places. What do you think about this?

1. It helps preserve the valuable properties of famous historic spots.

[Pro / Con]

2. An increasing number of visitors will boost the tourism industry, thus contributing to the development of the local economy.

[Pro / Con]

3. Tourists will lose opportunities to learn about famous historic spots through damage to cultural properties. [Pro / Con]

4. It leads to a loss in revenue from tourism, which will make it difficult to preserve historic buildings. [Pro / Con]

解答と訳

[有名な史跡への訪問者数を制限すべきだと言う人がいます。それについてどう思いますか？]

1. **Pro** 有名な史跡の貴重な財産保護の助けとなります。

> ここがポイント！
> 観光客の入場数を規制しないと、多くの観光客が押し寄せ、史跡を傷つけてしまいます。また観光客の出すゴミなどが問題 (garbage problem) になることもあります。

2. **Con** 観光客が増えることによって観光産業が活性化され、その結果地元の経済活性化につながります。

> ここがポイント！
> ホテルやレストラン、駅などの公共施設 (public facilities) の利用が増えることが経済活性化の鍵 (key to economic boost) です。

3. Pro 文化財がダメージを受け、旅行者が有名な史跡について学ぶ機会を失うでしょう。

ここがポイント!
　　　　　　　　史跡は訪問者にその歴史や文化的伝統、背景について学ぶ貴重な機会となります。実際に史跡を訪れることで得られることは、本やテレビ、ネットなどから得られる情報よりもずっと多くの情報や感動をもたらす、と言えます。
　　その他に、「入場数制限をすれば、入場した見学者はじっくりと、より深く史跡について学ぶことができる」というアイディアもあります。

4. Con 規制により観光収入減となり、歴史的な建物の保存が難しくなるでしょう。

ここがポイント!
　　　　　　　　歴史的建造物の維持には巨額な費用 (maintenance costs) が必要ですが、観光収入が減ると、修復や保存も難しくなります。規制より前の段階で、維持費や修復費用を稼ぐために、入場料値上げ (increasing admission fees) などが検討されることも多々あります。
　　その他に、「入場数制限をすれば、入場した見学者はじっくりと、より深く史跡について学ぶことができる」というアイディアもあります。

表現力をUPしよう!

□ historic spots 史跡　□ boost ~を高める　□ the tourism industry 観光産業
□ thus その結果　□ contribute to ~ ~の原因となる
□ the local economy 地元の経済　□ valuable properties 貴重な財産

いかがでしたか？　では、これらの賛成 (Pro)・反対 (Con) のキーアイディアを使ったサンプルエッセイを見てみましょう。

モデル・エッセイ

→ 賛成の意見

I think that we should limit the number of visitors to famous historical places for two reasons. First, it helps **preserve** the valuable **properties** of famous historic spots. Without controlling the number of visitors, a huge number of tourists will visit those places, which can **cause** greater **damage to facilities** in historic spots. Second, without control, tourists will lose opportunities to learn about famous historic spots through damage to cultural properties caused by the invasion of tourists. Those historical places give visitors valuable experience to learn about their history and cultural traditions.

表現力をUPしよう！

□ **preserve** 保存（保護）する　□ **property** 財産、資産
□ **cause damage to** 〜 〜に損害を与える　□ **facility** 施設、設備

[訳] 次の2つの理由から、有名な歴史的な場所への訪問者数を制限するべきだと思います。第一に、そうすることで、有名な歴史的な場所の価値ある資産を保存するのに役立ちます。訪問者数を制限しなければ、膨大な数の観光客がそういった場所を訪問し、より多くの損害を歴史的な場所の施設に与えるでしょう。第二に、制限しないと、旅行者がどっと押し寄せることで文化財が傷み、旅行者が有名な史跡について学ぶ機会を失うでしょう。それらの歴史的な場所は訪問者たちにその歴史や文化的伝統について学ぶ貴重な経験を与えています。

→ 反対の意見

I don't think that we should limit the number of visitors to famous historical places for two reasons. First, an increase in the number of visitors will **boost** the tourism industry, thus contributing to the development of the local economy. Tourists spend a lot of money on hotels, restaurants, public transportation and shopping. It will **bring in** huge profits and increase job opportunities in the community. Second, it leads to a loss in revenue from tourism, which will make it difficult to preserve historic buildings. Because of the huge cost of maintenance cost for those historic buildings, revenue from tourist **admission fee**s is important for **historic spots** to help them preserve their original conditions.

表現力をUPしよう！

□ **boost** 〜を促進させる、〜を高める　□ **bring in** もたらす
□ **admission fee** 入場料、観覧料　□ **historic spots** 史跡

[訳] 私は次の2つの理由から、有名な歴史的な場所への訪問者数を制限するべきだとは思いません。第一に、訪問者数の増加は旅行産業を促進し、その地域の経済に貢献します。旅行者たちはホテルやレストランや公共交通機関や、買い物に多くのお金を使います。それによって、その地域社会に巨額な利益をもたらし、その地域で雇用の機会が増えます。第二に、規制により観光収入減となり、歴史的な建物の保存が難しくなるでしょう。それらの歴史的な場所（神社や寺院）を維持するためにかかる巨額な維持費のため、入場料による収入は歴史名所がその状態を保つために重要なのです。

　いかがでしたか？　では、これらの賛成（Pro）・反対（Con）のキーアイディアを使ったサンプルエッセイを見てみましょう。

　いかがでしたか？　次はロジカルシンキング・トレーニングにまいりましょう！

03 ロジカルシンキング・トレーニングにチャレンジ！

　それでは「ロジカルシンキング・トレーニング」に挑戦です。エッセイの論理性に焦点を当てて、どのような点を改善するべきか考えていきましょう。

問題

> Some people say that the number of people who go to movie theaters will decrease in the future. What do you think about this?
>
> ［訳］将来、映画館に行く人の数が減ると言う人がいます。これについてどう思いますか？

→ 賛成の意見

I agree with this opinion for two reasons. Firstly, going to movie theaters is rather expensive, considering the length of one movie. Secondly, it is inconvenient because the starting time is set and you have to arrive there on time. Therefore, I think fewer and fewer people will go to movie theaters in the future.

［訳］以下の2つの理由からこの考えに賛成です。まず、一本の映画の長さを考えると、映画館に行くのはかなり高くつきます。次に、開始時間が設定されており、それに間に合うように到着しなければならないので不便です。それゆえ、私は将来映画館に行く人はますます減ると思います。

✎ エッセイライティングのポイント

　これはいかがですか。ポイントは「コストの高さ」と「開始時間が決まっていて厄介」の2つですが、1つ目は「映画に行くこと」が高いのではなく、「劇場で映画を見ること」が高いので言い換えます。また、このポイントの具体的な説明が抜けています。2つ目は前売り券を買わなければ次の時間帯で見ればいいと言えるので説得力が弱く、両方のポイントはそれぞれの比較なので比較級を使います。

モデル・エッセイ

I agree with the idea that fewer people will go to movie theaters in the future. Firstly, watching movies in movie theaters is far more expensive than watching rental DVDs or **on-demand** movies at home.

The former costs about 1,500 yen, which is about three times more expensive than the latter. Secondly, **movie-viewing** at theaters is less convenient than DVD- or on-demand movie-viewing. For example, the former has a much shorter period for viewing than the latter.

表現力をUPしよう！

□ **on-demand** オンデマンドの、要望に応じた、注文対応の　□ **movie-viewing** 映画鑑賞

［訳］私は将来、映画鑑賞に映画館に行く人たちはより少なくなるだろうという意見に賛成です。第一に、映画館での映画鑑賞は、家でレンタルの DVD を見たりオンデマンドの映画を見るよりもずっと高価だからです。映画館での映画鑑賞は 1500 円くらいですが、それは家での映画鑑賞よりも約 3 倍高価です。第二に、映画館での映画鑑賞は DVD やオンデマンドでの映画鑑賞よりも不便です。例えば、前者は後者よりも鑑賞する期間がずっと短くなります。

ワンランクアップポイント ↗

1 つのポイントである値段の高さではどれくらい高いかを説明しています。また最近では、家で映画を見るといってもやり方が様々あり、ビデオレンタルからケーブルテレビやインターネットオンデマンドなどがあります。

→ 反対の意見

I disagree with this opinion for two reasons. Watching movies in a movie theater is very exciting, and you cannot experience the same excitement by DVDs. Also, with advances of technology, movie theaters will offer a greater variety of services, which will attract more movie fans. Therefore, I don't think the number of movie goers will decrease in the future.

［訳］以下の 2 つの理由からその考えに反対です。映画館で映画を見ることはとてもおもしろく、DVD では同じ興奮を味わうことができません。また、科学技術の進歩により、映画館はより多様なサービスを提供し、さらに多くの映画愛好者を作り出すでしょう。それゆえ、私は将来、映画館に行く人は減らないと思います。

✎ エッセイライティングのポイント

いかがですか。1 つ目のポイントは、映画を見るだけでは映画館も DVD も同じなので、Watching movies is very exciting は Watching movies in movie theater is very exciting, and you cannot get the same excitement from watching DVDs at home. とする必要があります。次に Also 以下のポイントもどのような services かが不明確な上に、1 点目の「映画館でしか味わうことのできない興奮」も大画面や音響によるサービスの一つなのでオーバーラップしています。これらをふまえてリライトすると次のようになります。

モデル・エッセイ

I don't think the number of people who go to movie theaters will decrease in the future for two reasons. First, watching movies in a movie theater will provide great **excitement** that you cannot get from watching rental DVDs or on-demand movies at home. This is because movie theaters show 3D and 4D movies on a large screen with **powerful sounds**. Second, people can enjoy the latest movies much earlier than waiting for DVD **releases**. Many people cannot wait to watch **much-talked-about** movies for several months until their release.

表現力をUPしよう！

□ excitement 興奮　□ powerful sounds 大音量の
□ release（映画などの）一般公開　□ much-talked-about 巷で大いに話題の

[訳] 私は次の２つの理由から、将来、映画館で映画鑑賞をする人たちの人数が減るだろうとは思いません。第一に、映画館での映画鑑賞では、家でレンタル DVD やオンデマンドで映画鑑賞することでは得られないような興奮を得ることが出来ます。映画館では３D や 4D 映画を大画面、大音量で見られるからです。第二に、（映画館では）最新の映画を DVD の一般公開日よりもずっと早い時期に楽しむことができます。多くの人は巷で大いに話題になっている映画を見るのを DVD が発売されるまで数か月も待つことはできません。

ワンランクアップポイント ↗

　この他にも、People, especially young couples will continue to watch movies on dates in movie theaters. This is because movie-viewing not at home but in movie theaters creates a romantic atmosphere.（カップルはデートで映画館を利用します。なぜならロマンチックなムードを映画館で味わえるからです）ということも言えますが、少し説得力に欠けます。それと早く見られるとはいってもやはり DVD やインターネットの普及で映画館へ行く人の数は減ると思われるので、賛成側の意見のほうが強いでしょう。

表現力をUPしよう！

□ create a romantic atmosphere ロマンチックなムードを醸し出す

UNIT 5

サイエンス・テクノロジー&環境分野

01-1 「サイエンス&テクノロジー」問題の 最重要トピックはこれだ!

「サイエンス&テクノロジー」問題は、科学技術が社会に及ぼす影響について、長所と短所をまとめることがポイントです。具体的には、携帯電話、アプリ、インターネット、オンラインでのショッピングやゲーム、動画サイト、携帯音楽プレーヤー、ロボットなどが挙げられます。

サイエンス&テクノロジーで頻出のテーマは、まず携帯電話 (cell phone) やそれに伴うアプリ (正式には application ですが、英語で略す場合は app) やゲームなどは生活を快適にさせる一方で、子供の教育に影響を及ぼす危険性があることから、しばしば「ライフ」「教育」のテーマとも重なります。

最新のテクノロジーは、「人工知能」や「ロボット」が進化すると、人々との生活により密着するようになることが予想されますが、これは賛否が分かれるところで、例えば人型ロボットと一緒に生活できるのかどうか、自分の意見を持っておきましょう。

音楽についても、携帯の音楽プレーヤー (portable music player) が普及しており、町中で音楽を聞きながら歩いている人を多く見かけますが、これが良いことかどうかは2次試験で出題されたことがあるテーマです。また、インターネットのおかげで、音楽は動画と同様に、手軽にダウンロードができるようになりました。生活の利便性が向上した一方で、海賊版 (pirate edition) の違法なダウンロードが横行しており、規制していかなければならないことも忘れてはなりません。

01-2 「環境」問題の最重要トピックはこれだ！

　「環境」問題は、環境保護問題や公害問題、それに伴うごみ処理問題、地球温暖化など一般的な環境問題とその対策が重要であることは言うまでもありませんが、それ以外にもリサイクル問題や自家発電などテクノロジーと関連した問題も押さえておく必要があります。リサイクルと似た問題では、中古品販売店が環境に与える影響についても確認しておきましょう。

　環境問題は、**環境保護（environmental protection）**の観点から、**公害（pollution）**、**ごみ処理問題（garbage disposal）**、**地球温暖化（global warming）**といった重要テーマについては、常に原因と対策を検討しておく必要があるでしょう。

　しかし、それだけにとどまらず、リサイクルや**自家発電（private power generation）**、**電気自動車（electric car）**など、最新のテクノロジーと関連したテーマも今後、数多く出題される可能性が高いと思われます。また、太陽光発電、地熱発電、風力発電など、クリーンエネルギーの将来も重要です。特に、原子力発電は「**温室効果ガスや大気汚染の原因物質を排出しない**」というメリットと「**事故が起きたときの被害が大きい**」というデメリットをどう考えるかがポイントになるでしょう。

　また、リサイクルと並んで、中古品（second-hand goods）を利用することは環境を守ることにつながります。2次試験でも出題されたことがある重要トピックの1つです。

　さらに、環境保護が行き過ぎると、史跡などへの立ち入りを禁止する、経済成長が阻害されるなど、様々な制約が出てしまいます。したがって、このようなテーマは賛否が分かれるところであり、大いに狙われる可能性があります。

02

Pro / Con 問題にチャレンジ!

問題

次の設問について、以下の各文が Pro の主張か Con の主張か言ってみましょう。

> Increasing the number of security cameras is the best way to prevent crime. What do you think about this opinion?

1. It is very costly to install security cameras.　　　　　　　[Pro / Con]

2. It is less costly to increase the number of security cameras than hiring more security guards due to labor shortages.　　[Pro / Con]

3. Increasing the number of security cameras will help solve and prevent crimes.　　　　　　　　　　　　　　　[Pro / Con]

4. Increasing the number of security cameras will violate people's privacy.　　　　　　　　　　　　　　　　　[Pro / Con]

解答と訳

[防犯カメラの数を増やすことは犯罪を予防する最善の方法です。この意見についてどう思いますか?　]

1. **Con**　監視カメラを設置するのに多額の費用がかかります。

> ここがポイント!
> 設置に伴い、それらの**維持費 (maintenance costs)** も必要になります。

2. **Pro**　労働力不足であるため、監視カメラを設置することは、監視員の数を増やすよりも費用を抑えることができます。

> ここがポイント!
> 少子高齢化 (super-aging society with declining birthrates) によって、日本はますます労働力不足（労働可能な年齢の働き手不足）の状態 (an increasing labor shortage) になっています。監視員を雇い 24 時間体制で監視 (24 hour security monitoring) させるより、監視カメラを設置するほうがトータルの費用は少なくなります。

116

3. Pro 監視カメラ数の増加によって犯罪の解決と防止につながります。

> ここがポイント！
> 犯罪の抑止力になり（discourage people from committing crimes）、犯罪解決の手がかり発見（find clues to crime）にもなります。

4. Con 監視カメラの数を増やすことで人々のプライバシー侵害につながります。

> ここがポイント！
> 最新のカメラは映像だけでなく、音声も拾うことが可能（record voice）なので、よりプライバシーが侵害される恐れもあります。安全対策のために、犯罪者ではない一般の人たちのプライバシーの一部が脅かされる場合もあるということです。

表現力をUPしよう！

☐ violate one's privacy ～のプライバシーを侵害する

監視カメラの設置（installing security cameras）は**「犯罪防止」**（**crime prevention**）と**「プライバシーの侵害」**（**invasion of privacy**）の2点が大きな柱となるPro/Conです。

まずProについてですが、抑止力として犯罪防止、**犯罪の減少**（**crime reduction**）に効果があると同時に、**犯人の検挙**（**arrest criminals**）にもつながります。また、**市民にも安心感を与える**（**give the public a sense of security**）ことができることもメリットの1つです。

一方でConに関してはプライバシーの侵害に加えて費用面、特に設置のための**初期費用**（**initial costs for installation**）が大きな問題なので、**予算が厳しい自治体**（**local governments with tight budgets**）にとって設置は困難になってしまいます。

いかがでしたか？ では、これらの賛成（Pro）・反対（Con）のキーアイディアを使ったモデル・エッセイを見てみましょう。

モデル・エッセイ

→ 賛成の意見

I think that increasing the number of security cameras is the best way to prevent crime for two reasons. First, it is far less costly to **install** security cameras than to use security workers for crime

117

prevention. Compared with costly security workers, today's security cameras are **inexpensive** and **sophisticated** enough to help prevent crimes and **arrest** criminals effectively. Second, it is easier to increase the number of security cameras than hiring more security workers due to **labor shortages**. With an increasing labor shortage in **super-aging society** with **declining birthrates**, it is getting more and more difficult to find security workers to **promote public safety**.

表現力をUPしよう！

- □ install （設備、装置などを）取り付ける、備え付ける、設置する
- □ prevention 防止（策）、予防（策）　□ compared with ～ ～と比較すると
- □ costly 高価な、費用のかかる
- □ inexpensive 費用がかからない（cheap の婉曲後としても用いる）
- □ sophisticated （機械、技術などが）高度な、精巧な　□ arrest 逮捕する
- □ labor shortage 労働力不足　□ super-aging society 超高齢化社会
- □ declining birthrate 少子化（出生率の低下）　□ promote 促進する
- □ public safety 公共の安全

［訳］私は次の２つの理由から、防犯カメラを設置する数を増やすことは犯罪防止の最善策だと思います。第一に、犯罪防止のためには、監視員を雇うよりも監視カメラを設置するほうが、ずっと安価だからです。犯罪防止と効果的な犯人逮捕のためには、（雇用するのに）費用がかかる監視員と比べ、最近の監視カメラは、費用もかからず技術も高度です。第二に、労働力不足のため、警備員より防犯カメラの数を増やすほうが容易です。少子高齢化社会のため、ますます労働力不足になっており、公共の安全性を高める監視員を増やすことがますます難しくなってきています。

→ 反対の意見

I don't think that increasing the number of security cameras is the best way to prevent crime for two reasons. First, it **leads to** an invasion of people's privacy. Setting up security cameras in many places, especially **changing room**s, is highly likely to violate **individual privacy**. Second, it is very costly to install security cameras in many places. In the case of huge buildings, it costs a **tremendous** amount of money to place so many security cameras. For these two reasons, I don't think installing more security cameras is the most effective way of crime prevention.

表現力をUPしよう！

□ **lead to 〜** 〜を引き起こす、〜の原因となる □ **changing room** 更衣室
□ **individual privacy** 個人のプライバシー
□ **tremendous**（大きさ、量、程度などが）とても大きい

［訳］ 私は次の2つの理由から、防犯カメラの数を増やすことは犯罪防止のための最善策とは思いません。第一に、それは人々のプライバシー侵害の原因となるからです。多くの場所、特に更衣室に監視カメラを設置することは、大いに個人のプライバシーの侵害になり得ます。第二に、多くの場所に防犯カメラを設置すると大変な費用がかかります。大きいビルの場合、多くの防犯カメラを設置すると多額の費用がかかります。これらの2つの理由から、私は防犯カメラの設置は犯罪防止にとって最も有効な方法だとは思いません。

いかがでしたか？ 次はロジカルシンキング・トレーニングにまいりましょう！

119

03 ロジカルシンキング・トレーニングにチャレンジ！

問題

Technological advancements have a positive influence on society. What do you think about this opinion?

[訳] 科学技術の発達は社会に良い影響を及ぼします。この意見についてどう思いますか？

→ 賛成の意見

I agree with this opinion for two reasons. We have evolved by inventing various things and advancing technology. If we stop developing technology, we will not evolve further. Also, advancement in technology will help handicapped people. As the average lifespan has been growing, technology needs to be developed to support them.

[訳] 以下の2つの理由からこの意見に賛成です。私たちは様々なものを発明し、科学技術を発達させることによって進化してきました。もし、私たちが科学技術の発達を止めてしまったら、これ以上進化することができません。また、科学技術の発達は障がい者を手助けします。平均寿命が伸びているので、科学技術は彼らを支えるために発達する必要があります。

✎ エッセイライティングのポイント

　トピックが「科学技術の進歩による影響」ですが、前半の Also までは賛成の理由ではなく単なる前置きです。理由のポイントになっているのは「障害者を助ける」だけで内容の乏しいものとなっています。考えられるテクノロジーの進歩に関連したポイントとしては、**1. 医学の発展　2. 農業技術の発達　3. 交通機関の発達　4. 災害対策技術　5. IT や通信技術の発達　6. 製造技術の発達**などが挙げられますが、特に強いのはやはり、人間の寿命や健康に貢献した「医療技術」や食糧問題改善に大きく寄与した「農業技術」そして台風や津波などの「自然災害対策の技術」でしょう。それらをふまえてリライトすると次のようになります。

モデル・エッセイ

I think that technological advancements have a positive influence on society for many reasons. One of the biggest reasons is that advancements in medical science have greatly increased human **lifespans** and improved their health. Another major reason is that advancement in agricultural technology has greatly reduced **food shortage** in the world. In the past, **millions of** people died from **famine** or suffered from lack of food in the world mainly because of **primitive** agricultural technologies.

表現力をUPしよう！

□ lifespan 寿命　□ food shortage 食糧不足問題　□ millions of 非常に多数の
□ famine 飢饉　□ primitive 原始的な

［訳］私は多くの理由からテクノロジーの進歩は社会に良い影響があると思います。最大の理由の１つは、医療科学の進歩は人間の寿命を劇的に伸ばし、健康状態を向上させてきたことです。もう１つの主な理由は農業技術の進歩によって世界の食料不足が大幅に軽減されたことです。過去には、主に農業技術が未発達だったために、世界で非常に多数の人たちが飢餓で死んだり、食糧不足で苦しみました。

→ 反対の意見

I disagree with the opinion for two reasons. Since the Industrial Revolution, we have polluted the sea, air, forests and so on. Developing technology tends to be linked with environmental destruction. Besides, there have been more and more crimes using technology. By developing technology, high-tech crimes will also increase in the future.

［訳］２つの理由から反対です。産業革命以来、私たちは海や大気、森林などを汚染してきました。科学技術を発達させることは人間による環境汚染と結びつく傾向があります。さらに、科学技術を利用した犯罪が増えてきています。科学技術を発達させることによって、そのようなハイテク犯罪が将来増えることになるでしょう。

✏ エッセイライティングのポイント

科学の発展が環境汚染や犯罪増加につながったという内容のエッセイですが、これはよく言われる点です。前者は「汚染」が一例なので、先に「環境への打撃」というポイントを述べてから、その例として、汚染や global warming などを述べるとよくなります。後者は、Besides 以下の２点目は nuclear weapons のような大量破壊兵器（weapons of mass destruction）について述べ、「テクノロジーの発展によって人類滅亡につながる世界規模の戦争の可能性が生じてきた」を書くほうがベターです。これらを踏まえてリライトすると次のようになります。

121

モデル・エッセイ

I don't think that technological advancement has a positive influence on society for two reasons. First, industrial development through technological advancement has seriously damaged the global environment. **Mass production** and mass consumption has caused serious problems such as pollution and global warming. Second, advancements in weapons technology have increased the scale of wars, **threatening** the security of the world. For example, **nuclear weapons**, one of the weapons of **mass destruction**, are the great threat to whole world.

表現力をUPしよう!

□ **mass production** 大量生産　□ **threaten** （安全などを）脅かす
□ **nuclear weapons** 核兵器　□ **mass destruction** 大量破壊

[訳] 私は次の2つの理由から，テクノロジーの進歩は社会にとって良い影響があるとは思いません。第一に、テクノロジーの進歩による産業の発展は地球環境に深刻な損害を与えてきました。大量生産と大量消費は、例えば公害や地球温暖化などの深刻な問題を生み出してきました。第二に兵器技術の進歩は戦争の規模を拡大し、世界の安全を脅かしています。例えば大量破壊兵器の1つである核兵器は全世界にとって大きな脅威となっています。

問題 1

Some people say that it is difficult to reduce the amount of garbage we make. What do you think about this?
（ゴミの量を減らすことは難しいと言う人がいます。それについてどう思いますか?）

→ 賛成の意見

I agree with the opinion for two reasons. Firstly, many people underestimate the garbage problem, and it is not easy to change everyone's mind to reduce garbage. Secondly, the rules and laws are not strict enough. Even if we dispose of garbage improperly, we will not get any penalties in most cases. For the reasons above, I don't think the amount of garbage will decrease in the future.

[訳] 以下の2つの理由でその意見に賛成です。1つ目に、多くの人々はゴミ問題を軽く考えており、皆の考えをゴミの減量へと変えることは簡単ではありません。2つ目に、規則や法律が厳しくありません。たとえ不適切にゴミを捨てたとしても、ほとんどの場合、罰を課されることがありません。上記の理由から、私は将来、ごみの量が減るとは思いません。

✏️ エッセイライティングのポイント

　「ごみの量削減の困難さ」のトピックに対して、「ごみ問題を軽視していること」と「ごみ規制の緩さ」が賛成の理由になっています。前者は概ね OK ですが、後者のポイントは、規制は厳しくしようと思えばできる可能性があり、現段階での削減が十分でないことの理由を述べているに過ぎません。よって、それが難しい理由まで書いてもう少しトピックに関連づける必要性があります。これらを踏まえてリライトすると次のようになります。

モデル・エッセイ

I think that it is difficult to reduce the amount of garbage we produce for two reasons. Firstly, there is a lack of awareness among most people about the importance of **dealing** effectively **with** garbage problems. Most people appear to be indifferent to the increasing amount of waste and it is difficult to **raise public awareness of** this problem. Secondly, it is difficult to tighten the rules and regulations on **garbage disposal**. Though current regulations on how to deal with garbage are not strict enough, it is difficult to **impose** heavy **penalties** for violation of the rules because of public opposition to tighter controls.

表現力をUPしよう！

- □ dealing with 〜 〜（事柄）を扱う、（問題など）に対処する
- □ be indifferent to 〜 〜に無関心である
- □ raise public awareness of 〜 〜に対する世間の意識を高める
- □ garbage disposal 生ごみの処理　□ impose （義務，税金などを）課す
- □ penalty 刑罰、処罰

[訳] 私は次の 2 つの理由から、我々が出しているゴミの量を減らすのは難しいと思います。第一に、ゴミ問題を効果的に対処することの重要性に対する意識が人々に欠落していると思います。たいていの人々は増加しているゴミの量に関心がないようであり、この問題への人々の意識を高めるのは難しいです。第二に、ゴミ処理についての規則や法令を厳しくすることは困難です。現在のゴミ処理の方法の法規制は十分に厳しくないのですが、より厳しい規則に対して市民たちの反対意見があるため、厳しい処罰を科すことは困難です。

満点突破攻略法
トピックからそれないポイントを書く！

→ 反対の意見

I disagree with this opinion for two reasons. There are many volunteers working to clean streets or teaching about recycling. Their activities have been expanding not only in Japan, but all over the world and will cooperate with a cleaner environment. Also, with the advancing technology, the materials are getting easier to recycle and dispose of. So, the amount of garbage will decrease in the future.

［訳］2 つの理由からこの意見に反対です。道路を清掃したり、リサイクルについて教えたりしているボランティアの人たちがたくさんいます。彼らの活動は日本だけでなく、世界中に広がっており、よりきれいな環境に貢献するでしょう。また、科学技術が発達しており、素材がますますリサイクルや処分がしやすくなっています。なので、ごみの量は将来、減るでしょう。

✏ エッセイライティングのポイント

　「ボランティア団体の努力」と「テクノロジーの進歩」を理由に挙げていますが、これはいかがでしょうか。後者は OK ですが、前者は、「条例がどんどんと厳しくなっている」とか、21 世紀から始まった「3R (reduce, reuse, recycle) の努力が高まっている」のほうが強いアーギュメントになります。以上を踏まえてリライトすると次のようになります。

モデル・エッセイ

I don't think that it is difficult to reduce the amount of garbage we produce for two reasons. First, technological advancement has made it easier to reduce garbage and recycle used products. Used materials are getting easier to be recycled and **disposed of**. Second, there is a growing awareness about and movement toward the so-called "**the 3Rs**", or reduce, reuse and recycle. Most people have a growing sense of the crisis of environmental damage caused by the increasing amount of garbage and global warming. They are making great efforts to deal with these serious environmental problems.

表現力をUPしよう！

□ **dispose of ～** ～捨てる, 処分する
□ **the 3Rs(reduce, reuse, recycle)** ゴミ処理の 3 原則 (削減、再使用、リサイクル)

［訳］私は次の２つの理由から、我々が作り出しているゴミの量を減らすのは難しいとは思いません。第一に、テクノロジーの進化によって、ゴミ削減と製品のリサイクルが容易になりました。古くなった材料はリサイクルや処理がよりしやすくなっています。第二にいわゆる3R（削減、再使用、リサイクル）への意識や運動が盛んになっています。たいていの人々が増加するゴミや地球温暖化による環境へのダメージに対する高まる危機意識を持っており、それらの深刻な環境問題に対処することに大変な努力をしています。

UNIT 6

ビジネス分野

01 「ビジネス」問題の最重要トピックはこれだ！

　「ビジネス」問題は、学生にはそれほど馴染みのない分野かもしれませんが、重要トピックの一つです。「企業の英語研修導入」や「社内における英語の公用語化」、さらに、生活と関連した問題としては、「日本人は働き過ぎているかどうか」、あるいは「在宅で働くことへの是非」に関連した問題へと学習する範囲を広げていきましょう。

　ビジネス分野では、英検の2次試験でもそこまで出題頻度が高いわけではありませんが、最近のニュースでよく取り上げられるテーマがあり、今後出題が増える可能性が大いにあります。

　まず、社内で英語教育や研修を行うべきかどうか、また一部の企業で行われているように、社内での英語の公用語（official language）に対する是非や、グローバル化に伴う海外への事業展開も賛否が分かれるところです。

　また、生活と仕事との関係からは、長時間労働（long working hours）や時間外労働（overtime work）、過労死（death from overwork）といった日本人によく指摘される問題、在宅での勤務（teleworking / telecommuting）を認めるべきかどうかというテーマもあります。核家族化が進行し、待機児童が増えている現状では、在宅での勤務を認めなければ働くことが困難な親が増えているという現在の状況を考えると、この問題は非常に重要であると言えます。

　このように、ビジネスの分野は、新聞やニュースで取り上げられる問題が非常に多いので、常に情報をチェックすることも忘れないようにしましょう。

02 Pro / Con 問題にチャレンジ‼

問題

次の設問について、以下の各文が pro の主張か con の主張か言ってみましょう。

Do you think that more companies will allow employees to work from home instead of in the office in the future?

1. It will help solve the labor shortage problem which many believe will become more serious in the future. [Pro / Con]
2. There is more of a risk of information leakage. [Pro / Con]
3. Telecommuting can save companies a lot of money. [Pro / Con]
4. Telecommuting will likely decrease workers' productivity. [Pro / Con]

解答と訳

[将来はオフィスよりも自宅で働くことを認める会社が増えると思いますか。]

1. Pro 将来さらに深刻になると多くが信じている労働力不足問題を解決する助けになります。

ここがポイント！
　在宅勤務なら、子育て中の主婦、障がい者、介護中の人などオフィスで働くことが困難な人も働くことができ、労働力不足を緩和できます。

2. Con 情報漏えいのリスクが高まります。

ここがポイント！
　一般家庭はセキュリティが低く、企業機密が漏れる可能性があります。

3. Pro 在宅勤務により、会社は多くのお金を節約できます。

ここがポイント！
　必要最小限のスタッフで運営することで小さなオフィスでも運営することができ、テナントの賃貸料削減 (a reduced rent for the tenant) にもつながります。

4. Con 在宅勤務により働き手の生産性はおそらく低下するでしょう。

ここがポイント！
　テレビや家事など注意をそらすもの (distractions) が多い家での生産性を保つのは難しいでしょう。

表現力をUPしよう！

□ labor shortage 労働力不足　□ information leakage 情報漏洩
□ telecommuting 在宅勤務　□ decrease productivity 生産性を下げる

　いかがでしたか？ では、これらの賛成（Pro）・反対（Con）のキーアイディアを使った
サンプルエッセイを見てみましょう。

モデル・エッセイ

→ 賛成の意見（在宅勤務を許可する）

I think that more companies will **encourage telecommuting** in the future for two reasons. First, it will **help solve** the **labor shortage** problem which many believe will become more serious in the future. This is because those who **have difficulty in** commuting to office such as homemakers and the handicapped can join the **labor market** through telecommuting. Second, telecommuting can save companies a lot of money. It saves the cost of renting office space and **travel expenses** for employees. For these two reasons, more companies will allow employees to work from home.

表現力をUPしよう！

□ encourage telecommuting 在宅勤務を推奨する
□ help solve 〜 〜を解決する助けとなる　□ labor shortage 労働力不足
□ have difficulty in 〜 〜が難しい　□ labor market 労働市場
□ travel expenses 交通費

［訳］ 2つの理由で、在宅勤務を推奨する会社は増えると思います。第一に、それは将来深刻になると多く
の人が信じている労働力問題を解決する助けになります。なぜなら在宅勤務なら、通勤するのが難
しい主婦や障がい者も労働市場に参加できるからです。第二に在宅勤務により、会社は多くのお金
を節約できます。オフィスの賃貸料や社員の交通費を節約することができるのです。これら2つの
理由から、社員が家で働くのを認める会社は増えるでしょう。

→ 反対の意見

I don't think that more companies will introduce telecommuting in the future for two reasons. First, telecommuting will likely decrease workers' productivity. This is because people working at home can easily **get distracted by such** things **as** television and computer games. Second, there is a more of a risk of **information leakage**.

128

Because of low security of home computing systems, secret information can be stolen very easily. For these two reasons, I think many companies will **hesitate to** allow telecommuting.

表現力をUPしよう！

- □ get distracted by ～ ～により気が散る
- □ such A as B B といった A（B に A の具体例が入ります）
- □ information leakage 情報漏えい　□ hesitate to do ～するのを躊躇する

[訳] 2つの理由で、在宅勤務を導入する会社は増えるとは思いません。第一に、在宅勤務により働き手の生産性はおそらく低下するでしょう。なぜなら家で仕事をする人はTVやコンピュータゲームといったものに簡単に注意を逸らされてしまいます。第二に、情報漏えいのリスクが高まります。家庭のコンピュータのセキュリティが低いため、機密情報が非常に盗まれやすくなります。これら2つの理由から、多くの会社が在宅勤務を認めることを躊躇すると思います。

Con の議論ですが、生産性が低下するという理由のサポートとして、家で働くと「気が散る」と述べていますが、他にも、「働き手間の対面コミュニケーションが不足することで会社に役立つ情報を交換する機会が減る」(In addition, lack of face-to-face communication between workers will decrease opportunities to exchange information that is useful for their company.) と書くこともできます。

いかがでしたか？ では、もう1問 Pro / Con クイズにチャレンジしていただきましょう！

問題 1

次の設問について、以下の各文が pro の主張か con の主張か言ってみましょう。

These days, many stores are open 24 hours a day. Do you think that this is good for society?

1. It is harmful to workers' health. [Pro / Con]

2. Stores that are open for twenty-four hours are not environmentally friendly. [Pro / Con]

3. Stores that are open for twenty-four hours are very convenient for customers. [Pro / Con]

4. It will boost the economy as a whole. [Pro / Con]

129

解答と訳

[訳] 今日では多くの店が 24 時間営業を行っています。これは社会にとって良いと思いますか。

1. **Con** 労働者の健康に害を与えます。

> ここがポイント！
>
> **夜間勤務 (night time shift)** が多くなると**身体的 (physically)**、**精神的 (mentally)** にきつくなります。

2. **Con** 24 時間開いている店は環境にやさしくありません。

> ここがポイント！
>
> 一日中営業しているため、余分な電力を消費します。

3. **Pro** 24 時間開いているお店は客にとって非常に便利です。

> ここがポイント！
>
> いつでも食料品 (grocery) をはじめ、様々な生活必需品 (a wide variety of daily necessities) などを夜間でも買うことができます (can buy almost anything whenever you want to)。

4. **Pro** 経済全体を活性化させます。

> ここがポイント！
>
> 営業時間が長くなること (longer operating hours) によって雇用の創出 (job creation) や、夜に利用する買い物客 (night shoppers) を獲得することができ、売上の上昇が期待できます。

表現力をUPしよう！

□ boost the economy 経済を活性化する　□ as a whole 全体として

　いかがでしたか？ では、これらの賛成 (Pro)・反対 (Con) のキーアイディアを使ったサンプルエッセイを見てみましょう。

モデル・エッセイ

→ 賛成の意見（社会に取って良い）

I think it is good for society for two reasons. Firstly, stores that are open twenty-four hours, especially convenience stores are very useful for customers. They can do their shopping, **withdraw money**, and **pay for utilities** whenever they want to. Secondly, shops that

operate all day and all night can boost the economy in two ways.
For one thing, there are more job opportunities, and stores can also
make more **profits** by attracting night shoppers. For convenience
and economy, I believe that stores are open twenty-four hours are
beneficial to society.

表現力をUPしよう！

□ withdraw money お金を引き出す　□ pay for utilities 公共料金を支払う
□ operate 営業する　□ all day and all night 昼夜を問わず
□ for one thing 1つには　□ make profits 利益をあげる
□ beneficial to 〜 〜に有益である

[訳] 2つの理由で、社会にとって良いことだと思います。第一に、24時間開いているお店特にコンビニ
は消費者にとって非常に便利です。いつでも好きなときに買い物ができ、お金を引き出し、公共料金
を支払うことができます。第二に昼夜営業している店は2つの意味で経済を押し上げることができ
ます。1つには、より多くの雇用の機会を作り出します。また、夜の買い物客を引き付けることでより
利益を上げることができます。利便性と経済という理由で、24時間開いている店は社会にとって有
益だと思います。

→ 反対の意見（社会にとって良いとは思わない）

I don't think it **brings benefits to** society for two reasons. Firstly,
round-the-clock stores are not **environmentally friendly**. They
consume a large amount of electricity by operating **all day long**.
Secondly, they can have a negative effect on people's health.
These stores require employees to **work on a night** shift and also
encourage people to go out late at night. Staying awake and doing
activities in the middle of the night are generally bad for health.

表現力をUPしよう！

□ bring benefits to 〜 〜に恩恵をもたらす　□ round-the-clock 24時間営業の
□ environmentally friendly 環境にやさしい　□ consume 〜 〜を消費する
□ all day long 一日中　□ work on a night shift 夜勤シフトで働く

[訳] 2つの理由で、社会に恩恵をもたらすとは思いません。第一に、24時間開いている店は環境にやさ
しくありません。一日中営業していることにより、かなりの量の電力を消費します。第二に、人々の
健康を害する可能性もあります。これらの店は夜勤で働く従業員を必要とし、また人々が夜遅くに出
歩くのを助長させます。深夜に起きていて活動することは概して健康にはよくありません。

Con の議論ですが、その他の理由として、「深夜も営業している店が多いと治安を脅かしうる」(More all-night stores can risk public safety) と議論することもできます。これは夜中にうろつく人が増え、風紀の乱れや犯罪の増加が起こる (More people **wander around** in the middle of the night, and this can **corrupt public morals** and increase the number of crimes) ことがあげられます。

　次はキーアイディアに続くサポートを考えるマッチング問題に挑戦していただきましょう。

表現力をUPしよう！

□ **public safety** 治安　□ **wander around**（目的もなく）ぶらぶらする
□ **corrupt public morals** 風紀を乱す

03 サポートマッチング問題にチャレンジ!!

問題

次の設問に関してキーアイディアとサポートのマッチングにトライしてみましょう。適切な組み合わせになるように①〜④のキーアイディアに続く最も適切なサポート文をア〜エから１つずつ選んでください。

> Today, many people buy things with credit cards instead of cash. Do you think this is a good idea?

1. Credit cards are safer than cash.　　　　　　　　　[　]

2. Credit cards are more convenient than cash.　　　[　]

3. You may get involved in crime.　　　　　　　　　[　]

4. There is a risk of overspending.　　　　　　　　　[　]

ア You may buy items that you cannot afford, and will end up in heavy debt.

イ You can complete payment right after you purchase items, and you don't have to take the trouble to search for an ATM.

ウ You don't have to carry a large amount of cash when you buy expensive items.

エ When your card is scanned in stores, your personal information including your card number and pin number can be stolen.

解答と訳

[今日では多くの人は現金ではなくクレジットカードで買い物をする。これはよい考えだと思うか。]

1. クレジットカードは現金よりも安全である。　　　　　`Pro`

正解 **ウ**　高額な商品を購入する場合に大金を持ち歩く必要はありません。

2. クレジットカードは現金よりも便利である。　　　　　`Pro`

正解 **イ**　買い物をしたらすぐに支払いを済ませることができるし、わざわざ ATM を探す必要もありません。

3. 犯罪に巻き込まれる可能性がある。　　　　　　　　　`Con`

正解 **エ**　店でカードがスキャンされた時にカード番号や暗証番号などの個人情報が盗まれる可能性があります。

133

4. お金を使いすぎてしまうリスクがある。 `Con`

`正解` **ア** 実際に支払えないような額の商品を買う可能性があり、これが続くと重い借金を抱えてしまう羽目になってしまいます。

`表現力をUPしよう！`

□ **get involved in crime** 犯罪に巻き込まれる □ **overspending** お金の使いすぎ
□ **end up in heavy debt** 多額の借金を背負う羽目になる
□ **complete payment** 支払いを済ませる
□ **take the trouble to do** ～する手間がかかる □ **theft** 盗難

ワンランクアップポイント ↗

　クレジットカード利用に関する主な Pro は「利便性」、Con は「浪費」が挙げられ、大金を持ち歩かなくていい分「安全」である一方、個人情報を盗まれる可能性があるので「危険性」もあることを理解しておきましょう。

　「利便性」を挙げる場合はどのように便利なのかを具体的に述べるとよいでしょう。エの個人情報が盗まれることを英語では **identity theft** と表現します。

　いかがでしたか？ 次はロジカルシンキング・トレーニングにまいりましょう！

134

04 ロジカルシンキング・トレーニングにチャレンジ！

それでは「ロジカルシンキング・トレーニング」に挑戦です。エッセイの論理性に焦点を当てて、どのような点を改善するべきか考えていきましょう。

問題 1

What skills do you think you will need in business in the future?

[訳] 将来、あなたはどんなスキルがビジネスにおいて必要になると思いますか？

I think we will need language skills in the future. The first reason is that the world is getting globalized. In order to succeed in business, we need to communicate in foreign languages. The second reason is that we can receive wider viewpoints by communicating with people from foreign countries. Therefore, what we need in the future is to learn another language.

[訳] 私は将来、言語スキルが必要だと思います。1つ目の理由は、世界がグローバル化しているからです。ビジネスで成功するために、私たちは外国語で会話をする必要があります。2つ目の理由は、外国の人々と会話をすることよってより広い物の見方を得ることができるからです。それゆえ、将来必要なことは、外国語を学習することです。

✏ エッセイライティングのポイント

このエッセイの大きな問題点に気づきましたか？ 1つ目のポイントは "language skills" ですが、これだと「日本語を含むすべての言語能力」になってしまうので、その後のサポート部分である「グローバル化社会でのビジネスの成功」に関連する "foreign language skills"、中でも "English communication skills" と修正しなければなりません。それと in order to succeed in の後も **global[international]** business にしましょう。このように問題にピンポイントで答えるために、定義に強くなることが重要です。

2つ目のポイントはいかがですか。「視野が広がる」と言いたいのでしょうが、ビジネスにおけるメリットとしては弱く、So what?（だから何なの？）と言われそうなので、具体的にそれがビジネスで活かせる事柄、例えば、"it will help you come up with new business ideas（新しいビジネスのアイディアが生まれやすい）などにする必要があります。以上を踏まえてリライトすると次のようになります。

135

モデル・エッセイ

I think we will need foreign language skills, especially English communication skills in the future for two reasons. First, in order to become successful in **increasingly globalizing business**, it is **essential** to be able to communicate **effectively** in foreign languages, particularly English. Secondly, having foreign language skills will **broaden your knowledge** and experience. I think this will help us **come up with** new business ideas, which is also necessary for success in global business. For these two reasons, we will **definitely** need foreign language skills in the future.

表現力をUPしよう！

- □ **increasingly globalizing business** ますますグローバル化するビジネス
- □ **essential** きわめて重要な □ **effectively** 効果的に
- □ **broaden one's knowledge** （〜の）知識を広げる
- □ **come up with** （考えなど）を思いつく □ **definitely** 絶対に

［訳］以下の2つの理由から私は将来外国語を使うスキル、特に英語によるコミュニケーションスキルが必要になると思います。第一に、ますますグローバル化しているビジネスにおいて成功するためには，外国語、特に英語で効果的に意思伝達ができることが極めて重要です。第二に、外国語を使うスキルがあると、知識と経験の幅が広がるでしょう。それにより新しいビジネスのアイディアを思いつきやすくなり、これはまた、グローバル・ビジネスで成功する上で重要です。これら2つの理由から、将来外国語のスキルが絶対に必要です。

満点突破攻略法

定義に強くなる！

問題2

Today many store clerks in Japan receive foreign language training. Do you think store clerks should learn to speak foreign languages?

［訳］今日、日本では店員が外国語の研修を受けることがあります。店員は外国語を話せるようになるべきだと思いますか？

→ 賛成の意見

I think store clerks should learn foreign languages for two reasons. First, nowadays, the number of foreign tourists is increasing. When these tourists want to ask about something, store clerks who can speak foreign languages are helpful. Also, if store clerks can speak foreign languages, foreign tourists are more likely to come, and sales will grow.

[訳] 店員は2つの理由から外国語を話せるようになるべきだと思います。第1に最近、外国人旅行者の数が増えています。それらの旅行者たちが何か尋ねたいときに、外国語を話す店員は役立ちます。また、もし店員が外国語を話すことができれば、外国人旅行者はより来やすくなり、売上も伸びるでしょう。

✐ エッセイライティングのポイント

　述べられている2つのポイントは、「増大する外国人観光客のニーズ対応」と「外国人観光客増大の可能性 UP」で、両方とも OK ですが、ビジネスの見地から後者の方が強いポイントです。バージョン UP すると以下のようなエッセイになります。

モデル・エッセイ

I think that Japanese store clerks should learn foreign languages for two reasons. First, it will help increase the revenue from **international tourism**. The more store clerks can speak foreign languages, the more foreign tourists are likely to come to Japan. This will increase the sales of Japanese goods and services. Second, it will **accommodate** the needs of foreign tourists to Japan. The number of foreign tourists has been increasing in recent years, and **under the circumstances**, store clerks who can speak foreign languages are very helpful. For these two reasons, Japanese shop clerks should **acquire** foreign language communication skills.

表現力をUPしよう！

- □ international tourism 国際観光　□ accommodate（要求などに）対応する
- □ under the circumstances このような状況で　□ acquire 習得する

[訳] 私は次の2つの理由から、日本の店員たちは外国語を習得するべきだと思います。第一に、それにより、国際観光から得る収入が増加するでしょう。外国語を話せる店員が増えるほど、より多くの外国人観光客が来訪するでしょう。それにより、日本の製品やサービスの売り上げが増加するでしょう。第二に、それは外国人観光客の要求に応えるでしょう。近年、日本への外国人観光客の数が増

加してきており、このような状況において、外国語が話せる店員たちはとても役に立ちます。これら2つの理由から、日本の店員たちは外国語のコミュニケーション・スキルを習得するべきです。

ワンランクアップポイント ↗

このように、「収益 UP」とポイントから述べて、そのサポートを述べていくのがコツです。2つ目のポイントも同様で、「外国人観光客のニーズに応える」というメリットを先に述べてからサポートしていきます。もし日本と外国の両方のメリットも考慮するのであれば、It will promote international exchange.（国際交流を盛んにする）と述べることもできます。

満点突破攻略法
強いポイントから述べる！

では次に Con の解答例を見てみましょう。

→ 反対の意見

I don't think store clerks need to learn to speak foreign languages for two reasons. Firstly, foreign languages training costs time and money. So, it's wiser to employ bilingual staff members. Secondly, although speaking foreign languages is important, the knowledge about store items is more important. Training should be focused on that matter.

［訳］2つの理由から店員は外国語を話せるようになる必要はないと思います。1つ目に、外国語の研修には時間と金がかかります。なので、2か国語話者の店員を雇うほうが賢明です。2つ目に、外国語を話すことは重要ですが、商品に関する知識のほうがもっと重要です。研修をするなら、そちらの問題に焦点を当てるべきでしょう。

✏ エッセイライティングのポイント

これはいかがでしょうか。1つ目のポイントはいいとしても、2つ目のポイント「商品に関する知識のほうがもっと重要」はどうでしょうか。これは明らかにポイントがずれておりロジカルシンキングの弱い人に起こりがちなミスで、「店員の外国語習得の必要性の有無」が論題であるのに、「それが重要だが」と理由も述べずに関連した別のポイントにすり替えられています。こういった点を改善してリライトすると次のようになります。

モデル・エッセイ

I don't think that store clerks should learn to speak foreign languages for two reasons. First, it is far more **efficient** to use foreign or **bilingual** workers. This approach will save shops a lot of time and money to train Japanese workers. Second, there are very few Japanese shops that need bilingual workers. Only major cities with large shopping districts can attract a large number of foreign tourists. For these two reasons I don't think that store clerks should acquire foreign language communication skills.

表現力をUPしよう！

□ **efficient** 効率が良い　□ **bilingual** 2か国語を話す、バイリンガルの

[訳] 私は2つの理由から、店員たちが外国語を話せるようになる必要はないと思います。第一に、外国人や2か国語話者の労働者たちを使うほうがずっと効率的だと思います。この方法によって、お店は日本人労働者たちを研修するための多くの時間やお金を節約することが出来ます。第二に、2か国語話者の労働者たちを必要とする日本の店舗は非常に少ないです。大規模なショッピング街のある大都市部だけが多くの外国人観光客をひきつけているのです。これらの2つの理由から、私は店員たちが外国語でのコミュニケーション・スキルを身につける必要はないと思います。

ワンランクアップポイント ↗

　1つ目は、最近急上昇した中国人観光客相手によく見られる現象で強いポイントです。また、2つ目のポイントである「都市部だけが外国人観光客を集める」は、都市部の規模は非常に大きいため論点としては弱いので、やはり総合判断すれば前者のほうがベターです。

満点突破攻略法
論点がそれないようにする！

問題3

> Some people say that people in Japan spend too much time at work. What do you think about that?
>
> [訳] 日本人は、仕事に多くの時間を費やしすぎると言う人がいます。それについてどう思いますか?

→ 賛成の意見

I agree with this idea. The average working hours in Japan are longer than those in most countries. In fact, many people commit suicide or die from overwork. Also, many Japanese people work too much and don't spend enough time with their families. As a result, the number of divorces after retirement is increasing.

[訳] この意見に賛成です。日本の平均的な労働時間はほとんどの国よりも長いです。実際、多くの人々は過重労働から自殺をしたり、亡くなったりしています。また、多くの日本人は、働きすぎて十分な時間を家族と共に過ごしません。その結果、定年離婚の件数が増加しています。

✒ エッセイライティングのポイント

いかがですか。1つ目のポイントはいいですが、そのサポートとして、いきなり「自殺する」は激しすぎるので少し変える必要があります。2つ目のポイント「家族と十分に時を過ごさない」も、many Japanese people では弱く、1億人いればその1%の100万人でも many になってしまいます。また、もっとよく起こるケースをサポートに上げなければならないのに、「定年 (熟年) 離婚 (divorce after retirement) の増大」という弱い事例を挙げています。

このトピックは、「日本人の働きすぎ」について、それが事実かどうかを検証するというより、それに対する意見を聞いている可能性が高いので、働きすぎているとするなら、それがどのように悪いかを述べていくのがベターです。これらを考慮してリライトすると次のようになります。

モデル・エッセイ

I think that Japanese people spend too much time at work. The average working hours in Japan are longer than those in most other countries. In fact, most Japanese workers work from eight-thirty in the morning till seven-thirty in the evening, and some workers even **die**

from overwork. This **tendency** shows a complete lack of "**work-life balance**". In this situation, most Japanese people don't spend enough time with their family, which is **weakening** their **family ties**.

表現力をUPしよう！

□ **die from overwork** 過労死する　□ **tendency** 傾向、風潮
□ **work-life balance** 仕事と生活のバランス（ワーク・ライフ・バランス）
□ **weaken** 弱める　□ **family ties** 家族の絆

［訳］私は、日本人は仕事に多くの時間を割き過ぎだと思います。日本での平均労働時間は他のほとんどの諸国よりも長いです。実際，たいていの日本人労働者たちは朝8時半から夜の7時半まで働き，過労で死ぬ労働者たちもいます。この風潮は「仕事と生活のバランス（ワーク・ライフ・バランス）」が全く欠けていることを示しています。このような状況で，たいていの日本人たちが家族と共に十分な時間を過ごしておらず，それは家族の絆を弱めています。

満点突破攻略法

ポイントは関連の強い例で
サポートする！

→ 反対の意見

I disagree with this opinion for two reasons. First, although it is often pointed out that Japanese people work too hard, I think most of these are exaggeration by the mass media. Also, in most countries, people don't receive as high a salary as Japanese people. If they try to earn as much money, they'll have to work longer than most Japanese people.

［訳］2つの理由からその意見に反対です。しばしば日本人は働きすぎだと指摘されていますが、ほとんどはマスメディアの誇張だと思います。また、ほとんどの国では、日本人ほど高い給料を受け取っていません。もし同じ額の金を稼ごうと思ったら、大半の日本人よりも長時間働かなければならないでしょう。

✎ エッセイライティングのポイント

2つ目のポイントはトピックと関係しているでしょうか？「諸外国は日本ほど給料が高くない」と「お金を稼ぐには日本人より長時間働く」は問題の意図（働きすぎがいいのか悪いの

か）と、ポイントがずれていることは明らかです。これらをふまえてリライトすると次のように
なります。

モデル・エッセイ

I disagree with this opinion for two reasons. First, nowadays Japanese people are becoming more **family-oriented**. They try to spend more time with family members because of a **growing tendency toward gender equality** in the workplace. Second, most Japanese workers no longer believe in hard work. They try to **make** the so-called work-life **balance**, and **get off work** earlier than before.

表現力をUPしよう！

☐ family-oriented 家族が第一の
☐ a growing tendency toward 〜 〜に対する高まる傾向
☐ gender equality 男女平等
☐ make a work-life balance ワークライフバランスをとる
☐ get off work 仕事を切り上げる

［訳］私は以下の2つの理由からこの意見には反対です。第一に、最近の日本人は家族を第一に考えるようになっているからです。職場における男女平等の傾向が高まりつつあることから、彼らは家族と過ごす時間を増やそうとしています。第二に、ほとんどの日本人は精を出して働くという考えを持っていないからです。彼らはいわゆるワークライフバランスを取ろうと以前よりも仕事を早く切り上げるよう心掛けています。

問題 4

> Online shopping has become more popular than in the past. Do you think that this is a positive trend?
>
> ［訳］オンラインショッピングは、以前よりも人気になってきています。これは良い傾向だと思いますか？

→ 賛成の意見

Yes, I think so for two reasons. First, online shopping allows people to buy items easily. As many office workers have to work until late at night, online shopping is very important. Secondly, through

［訳］私は2つの理由から良い傾向だと思います。まず第一にオンラインショッピングによって、簡単に商品を買うことができます。多くの会社員は夜遅くまで働かなければならないので、オンラインショッピ

online shopping, people will buy more items because they don't have to carry them back home. So, online shopping will stimulate purchasing power, resulting in economic boost.

ングはとても重要です。2つ目に、家まで物を持ち帰る必要が無いので、オンラインショッピングを通じて、人々はより多くのものを買うでしょう。なので、オンラインショッピングは購買力を高め、経済を活性化させるでしょう。

✏️ エッセイライティングのポイント

このトピックは「オンラインショッピング人気上昇傾向の是非」についてですが、第1のポイントである「重要である (important)」は「オンラインショッピングそのものの価値」を述べているだけなので、言い方を変えて「オンラインショッピングによる社会的影響」について述べます。2つ目は「経済の活性化 (economic boost)」で強いポイントです。

モデル・エッセイ

I think that this is **a positive trend** for two reasons. First, increasing popularity of online shopping makes it possible for people to buy **a wide variety of** products easily and quickly. This **brings great benefits** to people, especially office workers who have little time to buy things at ordinary stores. Secondly, the growing popularity of online shopping will boost the economy. People will buy more items online because of its great convenience, wider options, and lower prices.

表現力をUPしよう！

☐ a positive trend 良い傾向　☐ a wide variety of ～ 多種多様の～
☐ brings great benefits 多くの利益をもたらす

[訳] 私は2つの理由からこれは良い傾向だと思います。第一に、高まるオンラインショッピング人気により、人々は簡単に早く、製品を購入することが可能になっています。これは特に店舗で物を購入する時間がほとんど無い会社員たちに多くの利益をもたらしています。第二に、オンラインショッピングの普及は経済を活性化させます。人々はオンラインショッピングは大変便利で、より幅広い選択肢があり、より安価なため、オンラインでより多くの物を購入するでしょう。

いかがですか。convenience は、it will save you time, money, and the trouble to go to shops や、it will make your shopping experience easier と言い換えることができます。さて今度は反対意見を見てみましょう。

143

→ 反対の意見

I don't think so for two reasons. Firstly, there are a lot of trouble with online shopping. For example, there are cases where ordered items are not delivered properly. Secondly, it is difficult to judge the quality of items because we have to make a decision by pictures. As a result, there are greater risks that we will be disappointed by purchased items.

［訳］2つの理由から良い傾向だとは思いません。1つ目に、オンラインショッピングをめぐる多くのトラブルがあります。例えば、注文した商品がきちんと届かないことがあります。2つ目に、写真だけで決定をしなければならないので、商品の品質の見極めが難しいです。その結果、購入した商品に失望する危険性が高まります。

✎ エッセイライティングのポイント

　これもトレンドという社会現象の価値判断ではなく、1つ目も2つ目のポイントも、消費者にとってのデメリットのみを書いているのでピントがずれています。そこで、社会全体への打撃、例えば、「小売店舗がなくなり、町がゴーストタウン化したり、失業者が増える」などのマイナス面が出てくるなどを述べる必要があります。

モデル・エッセイ

I don't think that this is a positive trend for two reasons. Firstly, online shopping causes a lot of trouble, which will seriously **affect** consumer **confidence in** shopping. For example, there are many cases where ordered items are not **delivered despite** the proper payment. The decline in consumer confidence will **eventually** weaken the economy as a whole. Secondly, growing popularity of online shopping will put many shops out business. This will increase **unemployment rates** and seriously affect the economy.

表現力をUPしよう！

□ **affect**（直接的に）（物・事）に影響する　□ **confidence in** 〜　〜への信頼、信用
□ **deliver** 配達する、届ける　□ **despite** 〜　〜にも関わらず
□ **eventually** 結局は、いつかは　□ **unemployment rate** 失業率

［訳］私は2つの理由から、良い傾向だとは思いません。第一に、オンラインショッピングは多くのトラブルを引き起こし、買い物に対する消費者の信頼に深刻な影響を与えるでしょう。例えば、適正に支払いをしたにも関わらず、注文した物が届かない場合が多くあります。消費者の信頼の低下は、いつかは、総じて経済を弱めるでしょう。第二に、オンラインショッピング人気の高まりは多くの店舗を閉店に追い込むことになるでしょう。これによって失業率が高まり、経済に深刻な影響を与えるでしょう。

Chapter 4

総仕上げ実践模試に
チャレンジ！

実践問題にチャレンジ！

それではここからはこれまで得たノウハウや知識をフル活用して実践問題にトライしてみましょう。

2級の試験では2016年度第1回からライティングが導入されましたが過去問を分析してみると、全ての問題がDo you think that 〜 will ... in the future? のように将来の「予測、展望」についての意見を問う形式になっています。しかしながら、今後は異なった形式の問いかけが出題される可能性もあり、また、英検準1級、1級とステップアップするためにも様々な問題形式に慣れておくことが大切です。この実践問題演習では過去問とは異なったタイプの問題も盛り込んでいますので、ライティング力の幅を広げていただきたいと思います（解答の仕方はポイントを2つ述べる方法で全て同じです）。

各問題には「ワンポイント・レクチャー」「添削エッセイ、解説」「攻略法」「模範解答」「ワンランクアップ・ポイント」の5つが提示されています。まずは「ワンポイント・レクチャー」で各問いに適切に答えるための背景知識を養いましょう。次に「添削エッセイ」は英検の採点基準である「内容」「構成」「文法」「語法」の4点から添削しているので（全て直すことは不可能なので必要最低限の添削にとどめています）、どの点を改善すべきかを一緒になって考えていただきたいと思います。さらに「攻略法」は賛成／反対のどちらの立場から書けば書きやすいかというアドバイスを示していますが、攻略法を読む前にご自身でどのような角度からどのようなアーギュメントで展開すればエッセイを書きやすいかを考えてください。最後は「模範解答」から強いアーギュメントや話の展開方法、そして各分野に関連した語彙や正確な文法の運用方法をマスターし、同時に「ワンランクアップ・ポイント」でさらにアイディアやのアーギュメントを深めエッセイの質を高められるようにしていきましょう。まずは前半4問にトライしていただきます。それでははりきってまいりましょう！

01

都会か田舎か？

「都会 (the city / urban areas) に住むか、田舎 (the countryside / rural areas) に住むか」は最重要トピックの一つで二次の面接試験でも出題されます。日本では大都市への人口集中が顕著に見られ、多くの地域では過疎化が進んでいます。都市部に住む大きなメリットとして「利便性」が挙げられ、鉄道、医療施設、道路などの「インフラ」が整っていることや「雇用のチャンス」が多いことが大きな魅力でしょう。一方で、田園部に住むメリットとしては「安全性の高さ」や「自然環境」が挙げられ、子育てを田舎で行う若者も増えています。

ではこれらを踏まえた上でエッセイトレーニングに取り組んでいきましょう！

問題 1

Do you think that city life is better than country life?
POINTS Job / Transportation / Environment

[訳] 田舎での生活よりも都会での生活のほうが良いと思いますか？
　　ポイント → 仕事・交通・環境

ではまず添削例を見ていきましょう。

エッセイの添削

賛成の意見（都会暮らしのほうが良い）

I think that city life is better than country life for the following two reasons.
First, there are more job ① ~~chances~~ in the city. You can easily find
　　　　　　　　　　　　　opportunities

attractive jobs **in the various fields**,
② ~~For example~~, nurses, and ~~teachers~~.
　　such as　　**nursing**　　**teaching**

Second, the city is more convenient. For example, there
③ ~~are better transportations~~.
is a better transportation system / network

In the countryside, it takes long to walk to ④ ~~a near~~ train station,
a nearby / the nearest / the closest

but in the city, it is easier for you to catch ⑤ ~~it~~, so you can go to
trains

work more easily.
For these two reasons, city life is better than the country life.

■ 添削解説

　全体的には論理的な理由とサポートで問題に即した話の展開ができています。この
エッセイでは文法と語法のミスを中心に見ていきましょう。

① 「**雇用のチャンス**」は **job opportunity** と言います。

② for example を文頭で用いて名詞を並べることはできませんので、**such as** や
including を使って例を挙げましょう。また nurses、teachers はそれぞれ「看護
師」「教師」という「人」を表すので job ではありません。よって nursing、teaching
のように職業分野を書きましょう。

③ **transportation は不可算名詞**（数えられない名詞）なので複数形にできません。
「交通網」は a transportation [system / network] とします。

④ 「near」は「〜の近くに」という意味なので、「〜の近くの」とする場合は **nearby**
を用いるか、「最寄りの」と考えて、the [nearest / closest] とします。

⑤ it が何を指すか不明なので、**trains** と正確に表現しましょう。

こう攻略しよう

　「都会か、田舎か」は賛成と反対のどちらでも書くことが可能なトピックですが、メリット
の多い都会の観点から書くほうが話を展開しやすいでしょう。ポイントは**都会、田舎にしか
ないメリット**を挙げるとより強いアーギュメントを述べることができます。

　それでは賛成、反対の模範解答を見ていきましょう。

モデル・エッセイ

→ 賛成の意見（都会暮らしのほうが良い）

I think that city life is better than country life for the following two reasons. **Firstly**, there are more job opportunities in the city than in the countryside. There are more shops and restaurants in urban areas, and this makes it easier for people to find jobs that are suitable for their interests. **Secondly**, the city is more convenient than the countryside. People living in urban areas have better access to many facilities, such as banks, hospitals and train stations, and therefore can lead a more comfortable life. **For these two reasons**, city life is better than country life.

表現力をUPしよう！

□ **urban areas** 都会（= the city）
□ **be suitable for one's interests** 興味に合っている
□ **have better access to ～** ～がより利用しやすい　□ **facility** 施設
□ **lead / live a comfortable life** 快適な生活を送る

［訳］私は以下の2点の理由から、田舎よりも都会に住むほうが良いと考えます。1点目は田舎よりも雇用の機会が多いからです。都市部にはより多くの店やレストランがあるので、より自分の関心に合った仕事を見つけやすくなります。2点目は都会の生活のほうが便利だからです。都市部に住む人は銀行、病院、駅などの多くの施設が利用しやすいことから、より快適な生活を送ることができます。これら2つの理由から、田舎よりも都会に住むほうが良いと思います。

ワンランクアップポイント ↗

　その他にも都会に住むメリットとしては、「人が多いので、異なるバックグラウンドを持った人と交流する機会が多い」（Since there are more people in the city, people **have more chances to interact with people from different backgrounds**）のように展開しても書くことができます。

表現力をUPしよう！

□ **interact with ～** ～と交流する

　それでは次は田舎暮らしのほうが良いという反対の解答を見ていきましょう。

149

→ 反対の意見（田舎暮らしのほうが良い）

I don't think that city life is better than country life for the following two reasons. **First**, there are a lot more trees and more clean water in rural areas than in urban areas. This clean environment allows people living in the countryside to enjoy outdoor activities in nature and to live a healthier life. **Second**, rural areas are much safer to live in than urban areas. Much fewer people fall victim to theft, robbery and murder in rural areas than in urban areas. For these two reasons, I don't think city life is better than country life.

表現力をUPしよう！

- □ enjoy outdoor activities in nature 自然の中で野外活動を楽しむ
- □ fall victim to 〜 〜の被害者になる　□ theft 窃盗　□ robbery 強盗
- □ murder 殺人

[訳] 私は以下の2点の理由から田舎の生活よりも都会の生活のほうがよいとは思いません。1点目は、田舎には都市部よりもずっと多くの木々やきれいな水があるからです。この新鮮な環境のおかげで田舎の人たちは自然の中で野外活動を楽しんだり、より健康な生活を送ることができます。2点目は、田舎は都市部よりもはるかに安全に生活することができるからです。都市部よりも田舎のほうが盗難、強盗、殺人の被害に遭う人ははるかに少ないと言えます。これらの2つの理由から、都会の生活は田舎の生活よりも良いと思いません。

ワンランクアップポイント ↗

　その他にも、田舎に住むメリットとしては「交通渋滞や騒音が少ないので、ストレスの少ない生活を送ることができる」(People living in the countryside can **lead a less stressful life** mainly because **there is less traffic congestion and noise pollution**)、や、「小さなコミュニティが多く、繋がりも強いことから、困ったときに助けやアドバイスに頼りやすい」(There are **smaller communities with close bonds** between the residents, so you can **rely more easily on others for help or advice** when in trouble.) のように表現できます。

表現力をUPしよう！

- □ stressful ストレスのたまる
- □ traffic congestion and noise pollution 交通渋滞や騒音
- □ close bonds 親密なつながり　□ resident 住民
- □ rely on 〜 for help or advice 〜の助けやアドバイスに頼る

150

02

個人旅行かパッケージ旅行か？

「**個人旅行（individual trip）**かパッケージ旅行（**package tour）**」は比較的身近なトピックですが、旅行をあまりしない人にとっては少しチャレンジングな問題かもしれません。

まず個人旅行のメリットとしては一番に「**自由度の高さ**」が挙げられ、気兼ねなく旅ができ色々なプランを好きなように変えられることが大きな特徴です。一方、パッケージ旅行のメリットとしては「**安全性**」が個人旅行に比べて高いことや、「**他の参加者と交流する機会があること**」や、「**ホテルやレストランを予約する手間も省くことができる**」などサービスの充実性も挙げられます。

それでは早速問題にトライしてみましょう。

問題 2

Do you think that more people will take a package tour than individual trips in the future?

POINTS Safety / Freedom / Cost

［訳］将来は個人旅行よりもパッケージツアーを利用する人が増えると思いますか？

ポイント → 安全・自由・費用

それではまず添削例を見てみましょう。

エッセイの添削

反対の意見（パッケージツアーのほうを利用する人は増えない）

I don't think that more people will take a package tour rather than individual trips in the future for the following two reasons.
First, ①package tours are more expensive than individual tours.
②Generally, if tourists take a trip individually, they can save money, so travelers can buy a lot of souvenirs.
Second, ③ individual tours give travelers more freedom than package tours.

151

④~~Everything is~~ usually ~~planned~~ by ~~tour conductors~~, and this makes
Travel plans are 　　　　　arranged 　　　 travel agencies

me feel stress.
Tourists can go wherever they like if they travel individually.
For these two reasons, more people will take a package tour
rather than individual trips in the future.

■ 添削解説

　このエッセイの大きなミスに気づきましたか？ それは**問題に適切に答えていない**という点です。問題では「個人旅行よりもパッケージツアーを利用する人が増えるか」という予測を問われているにもかかわらず、「**単にパッケージツアーのデメリットと個人旅行のメリットを述べているだけ**」のエッセイになっています。こういったミスは致命的なミスになるので **Do you think that S will V?** のような「予測」を問う問題には**要注意**です。それではこの点以外の問題点を見ていきましょう。

　まず First 以下の問題点に気付きましたか？ それは「**非論理的**」だということです。②で「個人旅行をすればお金を節約することができる」と述べており、その次はその具体例を提示しなければいけませんが、最後に can buy a lot of souvenirs「お土産を多く買うことができる」と全く矛盾した内容になっています。
　次に Second 以下の③と④ではどのような改善が必要でしょうか？ 大きなミスは④で **me と個人的な内容について述べている**ことです。それまでは travelers と「旅行者全般」について書いているのに急に me が出てきています。このような唐突な主語の変化や I, me などの使用は読み手を混乱させる原因になるので、常に「**主語が一致しているか**」と、「**個人的な話題になっていないか**」という点に注意しましょう。語法に関しては Everything ではどんなことかが不明瞭なので travel plans（旅程）のように明確に表現するようにしましょう。

こう攻略しよう

　この問題は、反対（パッケージツアーは人気が高まらない）よりも、賛成（パッケージツアーの人気は高まる）の観点から展開するほうが書きやすいでしょう。POINTS の safety を用いて「**安全性を重視する人が増える**」、あるいは「**より魅力的なツアーを企画する旅行業者が増える**」のように予測を立てて書くほうが断然書きやすいでしょう。それではまず賛成のエッセイから見ていきましょう。１点目は「**お手頃で魅力的なプラン**」→「**色々なニーズ**

を持った客を惹きつける」、2点目は「**安全性**」→「**トラブルの回避**」のようにキーアイディアからサポート（具体例）のように自然な説得力のある議論と自然な話の展開になっています。

モデル・エッセイ

→ 賛成の意見 （パッケージツアーのほうが人気が出る）

I think that more people will take a package tour rather than individual trips for the following two reasons. **Firstly**, more and more travel agencies will offer inexpensive but unique travel options. This will attract more package travelers who are reluctant to make a travel plan by themselves, or who want to have a special and memorable experience on package tours. **Secondly**, more people will appreciate the safety of package tours. An increasing number of travelers will want to avoid getting involved in trouble in foreign countries. **For these two reasons**, more people will take a package tour rather than individual trips.

表現力をUPしよう！

□ **travel agency** 旅行代理店　□ **inexpensive** （値段が）お得な
□ **be reluctant to do** do するのがおっくうである
□ **appreciate the safety of** 〜 〜の安全性を理解する

[訳] 私は以下の2点の理由から、個人旅行よりもパッケージツアーをする人が増えると思います。1点目はお手頃でありながら珍しい旅行プランを提供する旅行代理店が増えると思うからです。そのようなプランは自分で旅行計画を立てるのがおっくうな人や、特別で忘れられないような経験をツアーでしたい旅行者を獲得することができます。2点目はパッケージツアーの安全性を理解する人が増えると思うからです。ますます多くの人が外国でのいざこざに巻き込まれるのを避けようとします。これら2つの理由から、個人旅行よりもパッケージ旅行をする人が増えると思います。

ワンランクアップポイント ↗

　その他のアーギュメントとしては、「他の同じ趣味を持った人たちと旅の喜びを一緒に味わいたいと思う旅行者が増えると思います。パッケージツアーに参加することで他の人たちと交流したり、友人関係を築くチャンスがあります」More tourists will want to **share the joy of** travel with other participants who have similar interests. Taking part in package tours will give them a chance to **socialize with** and **build new friendships** with others. のように書くことが可能です。

153

> **表現力をUPしよう！**
>
> □ share the joy of ～ ～の楽しさを分かち合う　□ socialize with ～ ～と交流する
> □ build new friendships 新しい友好関係を築く

では次に反対意見を見ていきましょう。

→ 反対の意見（パッケージツアーは人気が出ない）

I don't think that more people will take a package tour rather than individual trips for the following two reasons. **First**, nowadays more and more people are building up a network of friends with people living in foreign countries through SNS, like Facebook. This will make it easier for travelers to get valuable information from their local friends about how to enjoy a trip. **Second**, more and more people have better foreign language communication skills. This improvement will reduce the need for language support by tour guides, making it easier for travellers to take individual trips. **For these two reasons**, I don't think more people will take a package tour.

> **表現力をUPしよう！**
>
> □ build up a network of friends 友達の輪を築く
> □ reduce the need for ～ ～の必要性が減る

［訳］私は以下の2点の理由から、個人旅行よりもパッケージ旅行をする人のほうが多くなるとは考えません。1点目は、ますます多くの人がフェイスブックなどのSNSを通じて外国にいる人と友達の輪を広げているからです。こうすることで旅行者は旅行の楽しみ方について現地の友達から貴重な情報を得ることができます。2点目は、より高い外国語によるコミュニケーションスキルを持った人が増えているからです。この外国語の言語能力が高まることでツアーガイドによる言語サポートの必要性が減り、個人旅行がしやすくなります。これら2つの理由から、個人旅行よりもパッケージ旅行をする人が多くなるとは思いません。

03 早期外国語教育熱は高まるか?

　近年では幼少期からの外国語教育、特に英語教育が非常に盛んで小学校でも必修科目として取り入れられています。また子供向け英語スクールも増えてきており就学期前の子供 (preschoolers) をそのようなスクールに通わせる親も増えており、英語教育熱が全国的に高まっています。

　将来的に就学前の**早期英語教育 (early English language education)** が活発になるという意見としては、「**小学校時から必修科目となる**」、「**早いうちから英会話スクールに通わせる親が増える**」などが挙げられます。一方で増えないという反対意見としては「**母国語 (日本語) 習得に重きを置くべきだという傾向が高まる**」、あるいは「**英会話スクールに通わせられる金銭的余裕がない家庭が増える**」などが挙げられます。

　ではこれらを踏まえた上でエッセイトレーニングに取り組んでみましょう!

問題 3

Do you think that more children will start learning a foreign language before entering elementary school in the future?
POINTS Pronunciation / Mother tongue / Listening

［訳］将来は就学前に外国語を習い始める子供は増えると思いますか?
　　ポイント → 発音・母語・リスニング

　ではまずは添削例を見てみましょう。この例は「**論理性**」や「**一貫性**」に問題があるエッセイなのでその点に注目してどこがまずいか考えながら読み進めてください。

エッセイの添削

添削エッセイ（就学前から外国語を学ぶ子供は増えると思う）

I think that more children will start learning a foreign language before entering elementary school for the following two reasons. **First,** ①more parents will encourage their children to study English in school.

②~~They had a hard time learning English when they were young, so they don't want their children to experience the same thing.~~
Despite years of English studying in school, most parents couldn't acquire a good command of English. This experience will encourage them to enroll their children in a language school as early as possible so that they can communicate effectively with others in English.

Second, ③it is important for young children to learn a foreign language.
④In this way, they will come to realize the importance of using English.
For these two reasons, more children will start learning a foreign language before entering elementary school.

■ 添削解説

①は「子供が英語を勉強するように促す親が増える」というわかりやすいキーアイディアですが、②は「親は子供の頃英語を習得するのに苦労したから、子供に同じ経験をしてほしくない」と言っています。一見問題ないようですが、少し論理が飛躍しており説明が不足しています。ここは行間を読んで上記の添削例のように「**学校で何年も勉強したがほとんどの親は優れた英語運用力を身につけることができなかった。この経験から、子供が英語で上手くコミュニケーションがとれるようにできるだけ早く子供を英語の語学学校に入学させるようになる**」と書くと英語らしい表現となり意図したいことが伝わります。日本語の「だいたい説明しなくてもわかるだろう」発想は捨て、「英語は日本語よりも詳細な説明が必要な言語」というマインドを持っておきましょう。

　＊ have a good command of English 優れた英語運用力がある
　＊ enroll A in/on B A を B に入学させる

次に③と④の問題点は「予測」になっておらず問題の内容とずれてしまっていることです。また、③と④の文同士のつながりに注目してください。「子供が言葉を勉強することは重要だ」→「このようにして彼らは英語を使うことの重要性を理解できる」も文の論理的なつながりが全くなく非論理的なアーギュメントになっていることから論理面では無効な英文です。

こう攻略しよう

　この問題は上記で挙げたメリットを中心に**賛成（就学前から外国語、主に英語を習い始める子供が増える）**という意見で展開するほうが書きやすいでしょう。特に注意すべき点は、foreign languages（外国語）とすると、中国語やフランス語など日本語以外すべての言語を含むので、正確には foreign languages, especially English（外国語、特に英語）のように English を明確にするほうがよいでしょう。実際のところ時代の流れから見ても今後英語教育熱が高まることは確かであり、英会話スクールを始め語学学校に行かせる親も増えることはほぼ間違いないでしょう。反対であれば、「**母国語習得への悪影響**」「**親の経済的負担**」「**余暇活動の時間の減少**」などから書くことも可能です。

　ではまずは賛成の模範解答から見ていきましょう。

モデル・エッセイ

→ 賛成の意見（就学前に外国語を学習する子供は増える）

I think that more children will start learning a foreign language before entering elementary school for the following two reasons. **First**, with increasing globalization, more parents will send their children to English schools in the early stages of their lives. They know that when it comes to learning correct pronunciation and listening skills, the earlier the better. **Second**, English will soon become a required subject at most grade levels in elementary school in Japan. This new system will encourage many parents to send their children to English schools during the preschool years. **For these two reasons**, more children will start learning a foreign language before entering elementary school.

表現力をUPしよう！

□ **a required subject** 必修科目 □ **during the preschool years** 就学前の期間

[訳] 私は以下の 2 点の理由から、より多くの子供たちが小学校に入学する前に外国語を習い始めると考えます。1 点目はグローバル化が進むにつれて、子供が早い時期から英会話学校に行かせる親が増えるからです。正確な発音とリスニングの学習に関しては、時期が早いほどより効果的ということを理解しています。2 点目は英語が日本の小学校のほとんどの学年で必修化になるからです。この新しい制度によって多くの親は就学前に子供を英会話学校に行かせます。したがって、より多くの子供たちが小学校に入学する前に外国語を習い始めると思います。

ワンランクアップポイント ↗

　その他にも「子供に外国語学習を通じて外国の文化についてもっと知ってほしいという親が増えるからです。彼らは子供が習慣、食べ物、ファッションなどの異なる文化を学ぶことができる最高の機会になると考えています」(More parents will want their children to know more about foreign cultures by learning a foreign language. They think that this will be the perfect opportunity for children to learn about different cultures, including customs, food, and fashion.) のように答えることができます。

　では次に反対の意見を見てみましょう。

→ 反対の意見（就学前に外国語を学習する子供は増えない）

I don't think that more children will start learning a foreign language before entering elementary school for the following two reasons. **First**, most people think that it's too early for preschoolers to start learning a foreign language, especially English. They believe early foreign language education will have a negative effect on the acquisition of their mother tongue. **Second**, many parents cannot afford to send their children to English schools so early in their lives. Japan has not fully recovered its economic strength, and this trend is likely to continue. **For these two reasons**, more children won't start learning a foreign language before entering elementary school.

表現力をUPしよう！

- □ preschooler（就学前の）幼児
- □ have a negative effect on ～ ～に悪影響を与える
- □ the acquisition of ～ ～を習得すること
- □ recover economic strength 経済力を取り戻す

[訳] 私は以下の2点の理由から、就学前に外国語学習を始める子供は増えないと考えます。1点目は、ほとんどの人は就学前の子供が外国語学習を開始することは早すぎると考えているからです。彼らは早期外国語教育は母国語習得に悪影響を与えると思っています。2点目はそのような早い時期から子供を英会話学校に通わせる金銭的な余裕のない親が多いからです。日本はまだ完全に経済力を取り戻しておらず、この傾向は続く可能性があります。したがって就学前に外国語学習を開始する子供は増えないと思います。

ワンランクアップポイント ↗

　その他の早期外国語学習反対の意見としては、「外国語学習によって友達と遊ぶ貴重な遊ぶ時間が減ってしまう。多くの親は就学期前は健全な成長のために、様々な遊びを楽し

んでほしいと願っています」(Learning a foreign language will decrease children's valuable time to play with their friends. Most parents want their children to enjoy **a wide variety of leisure activities** for their **healthy development** during their preschool years.) のように書くことも可能です。

表現力をUPしよう！

□ a wide variety of 〜 幅広い〜　□ leisure activity 余暇活動
□ healthy development 健全な成長

04
中古商品が社会に及ぼす影響とは？

昨今では街の至る所に**中古商品 (second-hand goods / used items)** を販売する店が増えており、本、車、電化製品など取り扱い商品は多岐に渡ります。形態も従来の店頭販売に加えインターネットオークションも 2000 年以降大幅に普及しました。このような中古商品の流通が増えることはどのような影響を及ぼすのでしょうか。

まずメリットとしては消費者にとっては**「価格の安さ」**社会、特に環境にとっては**「資源の消費減少」**と**「ごみの減少」**などが挙げられますが、その一方で新しい商品の流通が減ることから企業にとっては**「生産量の減少」「収益の減少」**につながる結果、**「経済の衰退」**や**「雇用の減少」**などのデメリットも考えられます。

それではこれらを踏まえた上でエッセイ・トレーニングに取り組んでみましょう！

問題 4

Today, there are more second-hand goods available than in the past. Do you think that buying second-hand items is good for society?

POINTS Natural resources / Economy / Money

[訳] 今日では昔よりも中古品の流通がさかんになりました。中古商品を購入することは社会にとって良いと思いますか？

ポイント → 天然資源・経済・お金

では添削例を見てみましょう。

エッセイの添削

→ 賛成の意見（社会にとってよい）

I think that buying second-hand goods is good for society for the following two reasons.
First, ①by using second-hand goods, we will have a ~~clean~~
                                    cleaner
environment. ②Many people will buy second-hand goods because

160

of ~~cheap price~~, and this will lead to a better environment.
their lower prices

Second, ③an increase ~~of~~ the number of second-hand goods
in

stores ~~means that we are contributing to~~ the protection of the
will lead to

Earth. ④Recycling will reduce ∧ garbage, so using old goods again
the amount of

is important.

For these two reasons, buying second-hand goods is good for society.

■ 添削解説

このエッセイは多くの受験者が犯しがちなミスが多く見られます。全体的な問題点としては First と Second 以下のアーギュメントが両方とも「環境」に関連したもので**重複している点**です。同じことの繰り返しを避けるために書き終えたらアーギュメントが異なっているかを確認しましょう。

それでは次は論理性を見てみましょう。

First 以下は①→②の論理的つながりがありません。①のキーポイントで「よりきれいな環境」と述べたにもかかわらず、②のサポートでは「安い値段がゆえに中古品を買うことがよりよい環境につながる」となっていますがどのような過程を経てそうなるかが明記されていないので論理が飛躍しています。

Second 以下に関しては、本題は「中古品を買うこと」であるのに対し、③は「中古品を取り扱う店が増えること」となっており焦点が少しずれています。

また、③と④に論理的つながりもないことがおわかりいただけると思います。中古品店は古い商品をそのまま販売しますが、recycling は「資源を再生利用すること」すなわち形を変えて使われることなので意味が少しずれています（例：廃プラスチックを溶かして新しい製品に再生する）。

こう攻略しよう

賛成（社会にとって良い）の場合は「環境」と「低価格」の2つを中心として、反対（社会にとって良くない）の場合は、「経済への悪影響」と「品質低下」に焦点を当てて展開するといいでしょう。

それではまず賛成の模範解答を見ていきましょう。

モデル・エッセイ

→ 賛成の意見（中古品を買うことは社会にとって良い）

I think that buying second-hand goods is good for society for the following two reasons. **First**, buying second-hand goods is very environmentally-friendly. The use of used products will help save natural resources, and decrease the amount of waste and garbage. **Second**, buying second-hand goods is beneficial to consumers. Those products are sold at lower prices than brand-new ones, which helps consumers save money and spend it on other necessary items. **For these two reasons**, buying second-hand goods is good for society.

表現力をUPしよう！

- □ environmentally-friendly 環境に優しい
- □ be beneficial to ～ ～にとって有益である
- □ brand-new items/products 新品の商品

[訳] 私は以下の2点の理由から、中古品を買うことは社会にとって良いと考えます。
1点目は中古品を買うことは非常に環境に優しいからです。中古品を利用することによって天然資源の節約とゴミの減少につながります。2点目は中古品を買うことは消費者にとって有益だからです。中古品は新品よりも安値で売られており、消費者はお金を節約することができ、その他の必要な商品にお金を使うことができます。これら2つの理由から、中古品を買うことは社会にとって良いと思います。

それでは次は反対の意見を見てみましょう。

→ 反対の意見（中古品を買うことは社会にとって良くない）

I don't think that buying second-hand goods is good for society for the following two reasons. **First**, it can cause damage to most industries and therefore weakens the economy. If more customers buy second-hand goods instead of new ones, then manufacturers will suffer a decline in sales, and this will slow down the economy as a whole. **Second**, it will make it difficult for companies to improve the quality of products. Increasing demand for used goods will make it difficult for manufacturers to invest in research and development of products. Consequently, this will negatively affect technological innovation. **For these two reasons**, buying second-hand goods isn't good for society.

表現力をUPしよう！

- □ weaken ～を弱める　□ cause damage to ～ ～に打撃を与える
- □ suffer a decline in sales 売り上げが減少する
- □ the economy as a whole 経済全体　□ slow down ～を鈍化させる
- □ invest in ～ ～に投資する
- □ research and development of products 製品の研究や開発
- □ consequently その結果　□ technological innovation 技術的革新

［訳］私は以下の2点の理由から、中古品を買うことは社会にとって良いとは考えません。1点目は中古品を買うことによってほとんどの産業が打撃を受けることで経済が弱まります。もし新品ではなく中古品を買う消費者が増えると、製造業者は売り上げが減少してしまい、経済を鈍化させてしまいます。2点目は中古品を買うことで企業は品質を向上させることが困難になる可能性があります。中古品に費やすお金が増えると製造業者は製品の研究や開発に投資することが困難になってしまいます。そしてこれが結果的に技術的革新に悪影響を及ぼしてしまいます。この2つの理由から、中古品を買うことは社会にとって良くありません。

　前半戦4問お疲れ様でした。各分野に関連した語彙や強いアーギュメント、そして適切な文章構成や話の展開方法はマスターできましたか？　身近なトピックもあったと思いますが、普段から考える機会がないと難しいと感じたものもあったのではないでしょうか？　英語でアイディアが思い浮かばない場合はまずは日本語で考えて構いませんので、そこから少しずつ負荷を高めて英語で意見を発信できるようにステップアップしていきましょう。それでは後半戦の4問です。前半戦よりも少し難易度は上がりますが焦らずにこつこつ進んでいくことが大切です。それでは気合を入れ直してまいりましょう！

05 紙の新聞はなくなってしまうのか？

インターネットの普及によりスマートフォンやパソコンで手軽にニュースを読むことが可能になりました。その結果紙媒体による新聞の発行部数は減少傾向にありますが、紙の新聞は今後なくなってしまうのでしょうか？ともに一長一短があるのでそれを考えていきましょう。

オンライン新聞、**電子新聞（e-paper / online newspaper）**の一番のメリットとしては「**利便性**」が挙げられ、手軽にどこでも読むことができます。また、紙の使用が減り「**環境にやさしい**」ことや、「**更新が速い**」ことから最新のニュースを読むことが可能です。ただしデメリットもあり、インターネットの不具合による「技術的な問題の影響を受けやすい」や、個人レベルではなくではなくホテルやレストランなどのサービス業の観点から考えると、「**導入コストが高くつく（待合室などに置く場合）**」こともデメリットの1つです。

それではこれらの点を踏まえた上で問題にトライしてみましょう。

問題 5

These days, more and more people read news on the Internet instead of in the newspaper. Do you think that newspapers will disappear in the future?

POINTS Environment / Eye / Smart phone

［訳］今日では新聞ではなくインターネットでニュースを読む人が増えています。
今後新聞はなくなってしまうと思いますか？
ポイント → 環境・目・スマートフォン

では添削例を見てみましょう。

エッセイの添削

反対の意見（新聞はなくならない）

I don't think that newspapers will disappear in the future for the following two reasons.
First, ①many people will have difficulty ~~gaining ability to read and write~~.　　　　　　　　　　　　　　acquiring literacy

②Newspapers are ~~opportunity~~ for many people who want to learn
    one of the most useful sources of information
to read Kanji.

Second, ③newspapers are better for old people to read because
~~they~~ cannot use smart phonesʌ, and the applications are too
most of them   **skilfully**
complicated.

④Many old people prefer to read newspapers ~~than~~ e-papers.
                                      to

For these two reasons, newspapers will not disappear in the
future.

■ 添削解説

論理性と文法、語法の改善点を見ていきましょう。

  まず①の論理性が欠如しており、「紙の新聞がなくならない理由」として「読み書きをする能力を身につけるのに苦労する人が多い」は論点がずれています。また「読み書きする能力」は literacy と一語で表しましょう。次に②ですが、newspaper は opportunity の一つではなく、カテゴリーがずれているので **source of information（情報源）**を使って書き換えましょう。また漢字を読めるようになろうと新聞を読む人は子供のようなごく一部の人なのでアーギュメントとしては不適当です。

  ③ですが、アーギュメントがずれているのがおわかりでしょうか？ これはスマートフォンの話になっていてニュースをインターネットで読むことに触れられておらず、さらに「アプリが複雑すぎる」と完全に主題から逸れています。語法に関しては、they cannot use smart phones, ～ . のように書くと「全てのお年寄りは」と響くので添削例のように most of ～ のような表現を入れて語気を緩和させましょう。④はサポートではなくキーアイディアになるべき文です。

こう攻略しよう

  この問題は反対（新聞はなくならない）側ではアーギュメントが弱くなってしまうので、賛成（紙の新聞はなくなってしまう）という観点からオンライン新聞のメリットを挙げながら展開していくほうがより強いアーギュメントを提示することができます。

  それでは賛成のアーギュメントを見ていきましょう。

モデル・エッセイ

→ 賛成の意見 （紙の新聞はなくなってしまう）

I think that newspapers will disappear in the future for the following two reasons. **First**, with a growing environmental awareness, more and more companies will produce e-papers rather than newspapers. This is because newspaper production requires a huge amount of paper, but e-papers do not. This increasing eco-consciousness will reduce newspaper circulation. **Second**, e-papers give readers up-to-date information much faster than newspapers. Online news is updated as soon as important events take place. This advantage will allow readers to obtain latest information about various fields including sports, entertainment and business. **For these two reasons**, newspapers will disappear in the future.

表現力をUPしよう！

☐ **environmental awareness** 環境に対する意識（＝ eco-consciousness）
☐ **circulation** 発行、流通　☐ **up-to-date** 最新の　☐ **update** 更新する
☐ **obtain** 得る

［訳］ 私は以下の２点の理由から新聞はなくなってしまうと思います。１点目はますます環境に対する意識が高まっていることから、紙の新聞よりもオンライン新聞を発刊する企業が増えるからです。これは紙の新聞を作るには大量の紙が必要ですが、オンライン新聞の場合は必要ありません。このような環境に対する意識の高まりによって新聞の発刊は減ると思います。２点目は、オンライン新聞は紙の新聞よりもはるかに速く読者に最新の情報を伝えるからです。オンラインニュースは何か重要な出来事が起こるとすぐに更新され、これにより読者はスポーツ、娯楽、ビジネス等様々な分野の最新ニュースを得ることができます。これら２つの理由から紙の新聞は将来なくなると思います。

ワンランクアップポイント ↗

　賛成の意見としては「読者はオンライン新聞の利便性を最優先する。スマートフォンかタブレット端末を持っており、そしてインターネット接続さえあれば、いつでも、どこでもニュースを読むことができる」（Readers will **put top priority on** the convenience of e-papers. **As long as** you carry a smart phone or tablet computer, and have a good **Internet connection**, you can read news anytime, anywhere.）のように展開することもできます。

表現力をUPしよう！

□ put top priority on ~ ～を最優先する □ as long as S V S が V する限りは
□ Internet connection インターネット接続

それでは次に反対の意見を見ていきましょう！

→ **反対の意見**（紙の新聞はなくならない）

I don't think that newspapers will disappear in the future for the following two reasons. **First**, printed newspapers are more user-friendly than e-papers. Since e-papers are easily affected by technical problems, you cannot read online news when there is a loss of Internet connection. **Second**, newspapers are less costly than e-papers. Public facilities such as hotels and restaurants where many people read newspapers in a waiting room cannot afford computer tables for all the readers. **For these two reasons**, newspapers will not disappear in the future.

表現力をUPしよう！

□ technical problems 技術上の問題
□ a loss of Internet connection インターネット接続が切れること

[訳] 私は以下の2点の理由から、紙の新聞はなくならないと考えます。1点目は紙の新聞はオンライン新聞よりも利用者にとって使いやすいからです。オンライン新聞は技術上の問題に影響をうけやすいことから、インターネット接続がなくなるとニュースを読めなくなってしまいます。2点目は紙の新聞はオンライン新聞よりもコストがかからないからです。多くの人が待合室やラウンジで新聞を読むホテルやレストランなどでの公共施設は、全ての利用者のためにタブレットコンピュータを購入することは極めて困難です。これら2つの理由から、紙の新聞はなくならないと思います。

ワンランクアップポイント ↗

　その他の意見としては、「電子新聞はスマートフォンやタブレットコンピュータを持ってない年配の人には利用することができない。そういった人たちはインターネットではなく新聞でニュースを読むことを好む」（E-papers are not **accessible to** many elderly people, especially those who don't have a smart phone or a tablet computer. They will prefer to read news in the newspaper to online.）のように書くこともできます。

表現力をUPしよう！

□ be accessible to ~ ～に利用可能である

06 ロボット普及による影響とは？

　近年ではロボット技術の発達は我々の生活に大きな影響を与えており、様々な職業分野で用いられています。では具体的にどのような場面で、そしてどのようなメリット、デメリットがあるかを見ていきましょう。

　メリットは「**業務の効率化**」が挙げられ、特に製造業では機械化により手作業が減ることで「**品質の向上**」、人間では不可能な危険な作業をすることが可能になることで「**安全性の確保**」などが挙げられます。

　しかしながら、作業の機械化により人手が不要になることから「**雇用の減少**」につながり、また「**機械の不具合**」などの技術的な問題や、ロボットを導入するための「**初期費用の負担**」がデメリットとして挙げられます。

問題 6

> Do you think that the use of robots is good for society?
>
> **POINTS** Disaster / Safety / Employment /

[訳] ロボットの使用は社会にとって良いと思いますか？
　　ポイント → 災害・安全・雇用

　ではまずは添削例を見てみましょう。

エッセイの添削

添削エッセイ（Pro：ロボットは社会にとって良い）

I think that the use of robots is good for society for the following two reasons.
First, ①today robots work in many places. ②For example, they can do work more efficiently and accurately **than humans**. ③Also, ~~they can find people that are difficult to find in areas that earthquakes occurred~~.
They are useful in searching for and rescuing missing people in disaster-stricken areas.

168

Second, ④they have infinite abilities. ⑤They are helpful in solving many problems and helping many people.

robots have great potential for various applications, including nursing care and house cleaning. They are helpful in many industries that are suffering from lack of workers.

⑥Now it is not too much to say that people cannot live without them.

For these two reasons, the use of robots is good for society.

■ 添削解説

　まず First 以下ですが、①で「多くの場所で稼働している」と述べていますが、②でその具体例がなく単に efficiently（効率よく）、accurately（正確に）と述べているだけでキーアイディアのサポートができていません。よってどのような場所で、またどのように効率よく正確に稼働するかを描写することが大切です。また、人間との対比なので添削例のように than humans を入れましょう。次の③は「震災が起こった地域で行方不明の人を発見することに役立つ」と述べていますがもう少し自然な英語に変えると、英文のレベルは高くなりますが添削例のようにすることでより明確な英語になります。＊ **disaster-stricken area　被災地**

　次に Second 以下を見てみると、infinite abilities は「無限の可能性」と表現していますが、曖昧かつ不自然な英語なので添削のように **great potential for various applications「様々な用途に利用できる可能性がある」**とします。また、⑤は many problems, many people と書いていますが、どのような問題を、またどんな人々かを示す具体例がないのでサポートできていません。添削例のように **They are helpful in many industries that are suffering from lack of workers.**「労働者不足に悩まされている多くの業界で役立つ」とし、どのような分野で役立つのかを明確にしましょう。⑥は不要な文なので削除します。

こう攻略しよう

　この問題は賛成（ロボットは社会にとって良い）の側から展開すると書きやすいでしょう。ただしどのように良いか、そしてどのような**職業分野でプラスとなるかを明確にすること**が大切です。主に清掃（cleaning）、受付業務（reception）、建設（construction）、料理（cooking）、介護（nursing care）などの分野ではますます利用が高まっています。一方、

反対（ロボットは社会にとって良くない）で展開する場合は、ロボットが不向きな職業分野、例えば教育（education）、法律（law）、心理学（psychology）など人の心情を正確に読みとったり、個々に応じたきめ細やかな対応が必要な分野を挙げながら書くとよいでしょう。

　それではまず賛成の解答から見ていきましょう！

モデル・エッセイ

→ 賛成のエッセイ（ロボットの利用は社会にとって良い）

I think that the use of robots is good for society for the following two reasons. **First**, using robots is an effective solution to a labor shortage. For example, the nursing care industry in Japan is suffering from a lack of caregivers, and introducing labor-saving robots will help address the shortage problem in the industry. **Second**, robots can perform a dangerous job that humans cannot do. For instance, robots are useful for finding missing people in the areas seriously affected by natural disasters, such as earthquakes and hurricanes. **For these two reasons**, the use of robots is good for society.

表現力をUPしよう！

□ caregiver 介護士　□ natural disasters 自然災害

[訳] 私は以下の2点の理由から、ロボットを使うことは社会にとって良いと考えます。1点目はロボットを利用することで労働力不足の有効な解決策になるからです。例えば、日本の介護業界は介護士不足に悩まされており、労働力を節約することができるロボットを導入することで人員不足の問題を解決することができます。2点目はロボットは人間ができない危険な作業をすることができるからです。例えば、地震やハリケーンなどの自然災害によって甚大な被害を受けた地域で行方不明者を発見する際に役立ちます。これら2つの理由からロボットは社会にとって良いと考えます。

ワンランクアップポイント ↗

　その他にも、「ロボットを使うことでより時間の効率が上がる。人間とは違い、ロボットは休憩なしで一定のスピードで稼働し続けるので、短時間でより多くの商品生産が可能になる」(Using robots is more **time-efficient**. **Unlike** humans, robots can **work around the clock** with no breaks, and they can produce **a larger quantity of** items in a short time)、あるいは「ロボットを使うことで常に製品の同品質が保証される。

人間と違い、ロボットは人間が犯してしまいがちなミスをほとんど、あるいは一切することなく商品を生産することができる」(The use of robots **ensures** the same quality of products **at all times**. Unlike humans, robots are capable of producing goods with few or none of the errors that humans tend to make.) のように書くこともできます。

表現力をUPしよう！

□ time-efficient 時間の効率が良い　□ unlike ~と違って
□ work around the clock 24時間稼働する　□ a large quantity of ~ 大量の~
□ ensure ~を保証する　□ at all times 常に

次に反対の意見を見ていきましょう。

→ **反対の意見**（ロボットの利用は社会にとって良くない）

I don't think that the use of robots is good for society for the following two reasons. **First**, using robots instead of humans can cause unemployment. Complete automation in such industries as manufacturing and transportation will reduce demand for human labor, putting many workers out of jobs. **Second**, robots will deprive society of human qualities such as sympathy and kindness. Using robots aren't suitable for such fields as education and counseling that need to cater to individual needs. **For these two reasons**, the use of robots isn't good for society.

表現力をUPしよう！

□ cause unemployment 失業を引き起こす　□ complete automation 完全機械化
□ manufacturing 製造業　□ put ~ out of work ~を失業させる
□ deprive A of B AからBを奪う
□ cater to individual needs 個々のニーズに応える
□ depending on the case 訴訟に応じて

[訳] 私は以下の2点の理由から、ロボットを利用することは社会にとって良いと思いません。1点目は人間の代わりにロボットを利用することによって失業を引き起こすからです。製造業や運送業のような分野における完全機械化により人的作業の需要が減り、結果的に多くの従業員が失業してしまいます。2点目はロボットによって共感や優しさといった人間の特性を社会から奪ってしまうからです。ロボットの使用は個々のニーズに応える必要のある業種、例えば教育やカウンセリングにおいては不向きです。これら2つの理由からロボットを利用することは社会にとって良いとは思いません。

07　企業の海外進出のメリット・デメリットとは？

　海外における日系企業数は2000年以降大幅に増加しており、国、地域別に見てみると中国、アメリカ、インドなどの先進国が上位を占める一方で、近年ではベトナム、タイなどの東南アジアへ進出する企業も増えています。

　海外進出のメリットとしては特に発展途上国における「**人件費の安さ**」や「**新しい市場の開拓の可能性**」が挙げられます。

　その一方で「**現地の文化、気候、法律等に適応すること**」や「**適切な人材や資源確保**」などのビジネスの基盤を確立することの大変さも大きな課題です。それではこれらを踏まえた上でエッセイトレーニングに取り組んでみましょう！

問題7

Do you think that more Japanese companies will expand their business in other countries in the future?

POINTS　Labor cost / Natural resources / Conflict

［訳］将来は海外に事業を拡大する日本企業は増えると思いますか？
　　　ポイント → 人件費・天然資源・紛争

では添削例を見てみましょう。

エッセイの添削

反対の意見（海外進出する企業は増えない）

I don't think that more Japanese companies will expand business in other countries for the following two reasons.
First, ①many Japanese companies used to open in foreign countries, but ~~nowadays~~ labor costs have been rising greatly in
　　　　　　　　　　　in recent years
developing countries.
Second, ②~~it is said that~~ Japan is not rich in natural resources but it has great potential. ③If Japan utilizes these resources, it will be able to develop their own economy.

For these two reasons, more Japanese companies will not expand business in other countries.

■ 添削解説

　①このエッセイの全体的な問題に気づきましたか？　一番改善すべき点は「問題に適切に答えていない」という点です。「海外進出が増える理由」を述べなければいけませんが、添削エッセイでは主題から逸れてしまっています。では文法・語彙面も含めて一つずつ検証していきましょう。

　　①ですが、アーギュメントが完全に逸れています。「多くの日本企業がかつて様々な国にビジネスを展開していたが、近年では発展途上国で人件費が上がっている」と述べていますが、これが「海外進出が将来増える理由」とは全く逆の意見であることは明らかです。「海外進出が増えない理由」であれば可能ですが、それでもその理由となるサポートが不足しています。語法面に関しては **nowadays は現在完了形と共に使えない**ので in recent years / recently と書き換えましょう。

　　②についても、日本の天然資源事情について話しているだけで、海外の事業展開とは一切関係のない主張をしています。また、「日本が天然資源に乏しいこと」は噂でなく事実なので、It is said that ～ は不要です。

　　最後に③も「自国の経済の発展につながる」も全く主題とは異なる内容になっています。英検協会の採点基準でも明確になっていますが、このような**問題に関係のない内容のエッセイを書くと、0 点になる可能性がある**ので「問題に対する適切な応答」には細心の注意を払いましょう

こう攻略しよう

　この問題は賛成 / 反対どちらでも展開することが可能です。賛成であれば**「低賃金で現地の労働者を雇用することができる」「特に発展途上国ではビジネスチャンスが多い」「現地で資源を調達できる」**などの観点から書くことができます。反対であれば、**「紛争地域では危害を被る可能性がある」「外国で入手困難な材料がある」「新しいビジネス環境に適応させることが困難」**などのように話を展開することが可能です。

　それではまず賛成のエッセイから見ていきましょう。

モデル・エッセイ

→ 賛成の意見（海外に事業展開する日本企業は増える）

I think that more Japanese companies will expand their business in other countries in the future for the following two reasons. **First**, labor costs in developing countries are much cheaper than those in Japan. Companies can hire local workers for lower wages in countries like Vietnam and Thailand, and this will encourage more companies to move their factories overseas. **Second**, there are more business opportunities in other countries, especially in developing countries. Since the Japanese market is shrinking, it'll be necessary for Japanese companies to explore new markets abroad. **For these two reasons**, more Japanese companies will expand their business in other countries.

> **表現力をUPしよう！**
>
> □labor costs 人件費　□business opportunities ビジネスチャンス
> □shrink 縮小する　□explore 〜 〜を開拓する

[訳] 私は以下の2点の理由から、海外に事業展開する日本企業は増えると考えます。
1点目は発展途上国における人件費は日本よりもはるかに安いからです。企業はベトナムやタイなどの国では現地の労働者を低い賃金で雇うことができるので、海外へ工場を移転する企業は増えます。2点目は外国、特に発展途上国にはさらにビジネスチャンスがあるからです。日本の市場は縮小していることから、日本企業は海外で新しい市場を開拓することが必要です。これら2つの理由から、海外に事業展開する日本企業は増えると思います。

ワンランクアップポイント ↗

　その他にも賛成の意見として **natural resources**（**天然資源**）を用いて「企業は必要な資源を安い価格で手に入れることができる。石油や石炭などの天然資源が豊富な国で経営を行うことは輸送費の削減にもつながる」（Companies can **have better access to** necessary natural resources at lower prices than in Japan. Running business in countries **rich in natural resources**, such as oil or coal will also lead to a reduction in **shipping costs**.）のように答えることも可能です。

> **表現力をUPしよう！**
>
> □have better access to 〜 〜が手に入りやすい　□be rich in 〜 〜が豊富である
> □shipping costs 輸送費

→ 反対の意見（海外に事業を拡大する日本企業は増えない）

I don't think that more Japanese companies will expand their business in other countries in the future for the following two reasons. **First**, companies have a fear of getting involved in serious political conflicts in troubled countries. Such violent situations will make many companies hesitant to expand their business overseas. **Second**, it is difficult for many companies to come by enough power and facilities due to a lack of infrastructure. This situation will discourage them from increasing their business abroad. **For these two reasons**, I don't think more Japanese companies will expand their business in other countries.

表現力をUPしよう！

□ get involved in ～ ～に巻き込まれる　□ political conflict 政治紛争
□ be hesitant to do do することをためらう　□ come by 手に入れる
□ power 電力、動力　□ infrastructure インフラ
□ discourage A from doing A が do する気をなくさせる

[訳] 私は以下の 2 点の理由から将来的に海外に事業を拡大する日本企業は増えないと思います。1 点目は、企業は紛争地域で深刻な政治紛争に巻き込まれるのを恐れているからです。このような紛争の激しい状況は海外への事業展開を躊躇させます。2 点目は、インフラ整備不足が原因で、多くの企業は十分な電力や施設を調達することが困難だからです。この状況下では、企業は海外で新しいビジネスを広げることをやめてしまうでしょう。これら 2 つの理由から、海外に事業を拡大する日本企業は増えないと思います。

ワンランクアップポイント ↗

　その他にも反対の意見として「新しいビジネス環境に適応することは極めて大変なことである。多くの日本企業は現地の状況に応じてビジネス戦略や製品のデザインを変えることが不可能であると思う可能性が高い」（**Adapting to** a new business environment is an extremely challenging job. Many Japanese companies will likely find it impossible to change their **business strategies** and **product design depending on the local needs**.）

表現力をUPしよう！

□ adapt to ～ ～に適応する　□ business strategy ビジネス戦略
□ product design 製品のデザイン
□ depending on the local needs 現地のニーズに応じて

08 子供のインターネットの使用は制限すべきか？

　今日では子供がパソコンやスマートフォンを通じてインターネットを利用することは何ら珍しい光景ではありませんが、親は子供のインターネット使用をどこまで制限するべきでしょうか。

　まず制限すべきであるという考え方の根拠としては、「**有害なサイトによる人格形成への悪影響を防ぐこと**」が一つの理由として挙げられます。また、制限することにより「**勉強の時間を確保する**」ことができることや、「**スマホ中毒**」になることを防ぐことも大きな理由です。

　一方「制限する必要はない」という意見の根拠としては、子供が関心を持って何かを調べたい場合に制限しすぎると「**好奇心をそいでしまう**」ことが主な理由として挙げられます。それでは携帯電話の制限について考えていきましょう。

問題 8

Some people say that parents should limit children's access to the Internet.
Do you agree or disagree with this opinion?
POINTS Crime / Study / Curiosity

[訳] 親は子供のインターネット使用を制限するべきだと言う人がいます。
　　この意見について賛成ですか、反対ですか？
　　ポイント → 犯罪・学業・好奇心

　では添削例を見てみましょう。

エッセイの添削

賛成の意見　親は制限すべき

I agree that parents should limit children's access to the Internet for the following two reasons.
First, ①children ~~cannot study hard~~.
　　　 can be easily distracted from their studies.

②The Internet often ~~makes most children bored with~~ their studies
   discourages most children from focusing on

because it provides too much information.

③This will ~~leads to decrease their result of examination~~.
   result in poor academic performance.

Second, ④~~they~~ can be victims of crime. ⑤Most children are curious
         children

about many things, and they cannot tell if ~~homepages~~ are ~~good~~ or
                          websites   safe

not, so they should learn how to use the Internet safely at school.
For these two reasons, I agree that parents should limit children's
access to the Internet.

■ 添削解説

　このエッセイは論理性が欠けており、文同士のつながりが不明瞭なエッセイです。それでは一つずつ検証していきましょう。

　　まず First 以下①ですが、「インターネットの使用を制限すべき理由」＝「子供ががんばって勉強できない」は理由が唐突かつ断定的で不適切なので添削例のように「勉強から気が逸れてしまう可能性がある」と表現するほうが適切です。②に関しては①とのつながりがなく、「子供が勉強に退屈する理由」→「インターネットは情報が多い」も because の前後の文で**因果関係が全くない**ことが問題点です。③以下は不自然な言い回しを改善してあります。語法に関しては lead to do（原形不定詞）は誤りなので使い方に注意が必要です。

　　次に Second 以下④については、ポイントを述べる際は代名詞を使うのではなく必ず何かを明確にすること（いきなり they だと何かわからない）が大切です。⑤以下は homepage は「ウェブサイトの最初の画面」という意味なので正しくは website とします。また、good は曖昧なので明確に safe としましょう。最後の at school は parents とは無関係なのでキーポイントの parents とはずれてしまっています。

こう攻略しよう

　この問題は反対（インターネットの使用を制限すべきでない）で書くよりも、賛成（インターネットの使用を制限すべき）で書くほうがより強いアーギュメントを提示することができます。ではまず賛成のエッセイを見ていきましょう。

177

モデル・エッセイ

→ **賛成の意見**（使用を制限するべきであるという意見に賛成）

I agree that parents should limit children's access to the Internet for the following two reasons. **First**, spending too much time on the Internet can reduce valuable time for study. Online games or SNS is so entertaining for most children that they spend less time on schoolwork, resulting in poor grades. **Second**, the Internet can have a negative effect on children's character development. For example, children have easy access to harmful sites containing pornography or violence. This situation will seriously affect their healthy mental growth. **For these two reasons**, parents should limit children's access to the Internet.

表現力をUPしよう！

- □ character development 人格形成
- □ have easy access to ～ ～に簡単にアクセスできる　□ contain ～ ～を含む
- □ pornography and violence 性描写や暴力　□ mental growth 精神的成長

［訳］私は以下の2点の理由から、親は子供のインターネットの使用を制限するべきという考えに賛成です。1点目はインターネットに時間を費やしすぎると貴重な勉強の時間が減ってしまうことです。オンラインゲームやSNSはほとんどの子供にとって刺激的で面白いので、学業に費やす時間が減る結果、成績が悪くなってしまいます。2点目はインターネットは子供の人格形成に悪影響を与えてしまうからです。例えば、子供は性描写や暴力を含む有害なサイトに簡単にアクセスできるので、これが彼らの精神的発達に深刻な影響を与えます。これら2つの理由から、親は子供のインターネットの使用を制限するべきだと思います。

ワンランクアップポイント ↗

　その他にも賛成の意見としては、Crimeに関連して子供が犯罪に巻き込まれない対策案として、「夜遅くのインターネット使用を制限するべきである」（Parents should **set limits** on late-night use of the Internet）、またスマートフォンに関連して「子供が暴力や性描写を含む有害なホームページにアクセスするのを防ぐフィルタリング機能を活用するべきです」（Parents should make use of **filtering systems** that **block children's access to** harmful websites containing violence and pornography.）のような書き方も覚えておきましょう。

表現力をUPしよう！

□ **set limits on ～** ～に制限をかける　□ **filtering system** フィルタリング機能
□ **block children's access to ～** ～へのアクセスをブロックする

ワンランクアップポイント ↗

　先にも述べたようにこの問題は Pro で展開する方が賢明ですが、Con の反対側のアーギュメント（使用を制限すべきであるという意見に反対）について、強いアーギュメントを提示するとすれば、「厳しく制限することで子供の知的欲求を低下させてしまいます。子供が何かに興味を持つと、親は子供が情報を得るためにインターネット検索を好きなだけさせてあげるべきです」(Strict parents' control can have a negative effect on children's **natural curiosity for** learning. When children become interested in something, parents should let them **do an Internet search** to get whatever information they want.) のように書くことは可能です。

表現力をUPしよう！

□ **strict control** 厳しい制限
□ **natural curiosity for ～** ～に対する本能的な知的好奇心
□ **do an Internet search** インターネット検索を行う

　お疲れ様でした。後半は背景知識がないと難しい問題も多く非常にチャレンジングだったと思いますが、様々な分野の教養や知識を高めていただけたのではないでしょうか。実際の試験ではここに紹介した解答例のように完璧なものを書かなくてもライティングセクションで良い評価をもらうことは可能かもしれませんが、「ギリギリの合格」ではなく、「余裕の合格」で 2 級を突破し、準 1 級、1 級とさらに上を目ざして英語学習に取り組んでいただきたいと思います。皆さんの 2 級合格とさらなる英語力アップを心から願っています。Good luck :)

英検2級ライティング 必須表現200

■ ビジネス

□ 育児休暇	childcare leave
□ 産休	maternity leave
□ 上司	supervisor, boss
□ 同僚	colleague / co-worker
□ 残業する	work/do overtime
□ 昇給	pay raise
□ 昇進	promotion
□ 在宅勤務	telecommuting / teleworking
□ 平均労働時間	the average working hours
□ 正社員	full-time worker
□ パート従業員	part-time worker
□ 失業者	unemployed person
□ ビジネスチャンス	business opportunity
□ 仕事に応募する	apply for a job
□ 職場環境	working environment
□ 雇用の機会	job opportunity
□ 多国籍企業	multinational company
□ 労働力不足	labor shortage
□ 人件費	labor costs
□ 失業率	unemployment rate
□ 仕事の満足度	job satisfaction
□ 月給	monthly salary
□ 面接	job interview
□ インターネットショッピング	online shopping
□ サービス産業	the service industry
□ 観光産業	the tourism industry
□ 製造業	the manufacturing industry
□ 経済成長	economic growth
□ 経済全体	the economy as a whole
□ 倒産する	go bankruptcy
□ 低賃金の仕事	low-paying job
□ 中古品	second-hand [used] goods [items]
□ 24時間営業	round-the-clock operation

□ プライベートブランド	private label products
□ コミュニケーション能力	communication skills
□ 外国語能力	foreign language skills

■ 教育

□ 塾	cram school
□ 生涯教育	lifelong learning
□ 通信教育	distance [online] learning
□ ボランティア活動	volunteer activities
□ クラブ活動	club activity
□ 早期英語教育	early English language education
□ 母国語	mother tongue
□ 期末試験	final exam
□ 男女共学	co-education
□ 海外への修学旅行	overseas school trips
□ いじめ	bullying
□ 制服	school uniform
□ 学費	tuition fees
□ 留学生	international student
□ 学業	schoolwork
□ 課外活動	extra-curricular activity
□ 教育費	education expenses [costs]
□ 協調性	a sense of cooperation
□ 競争心	a sense of competition
□ 専攻	major
□ 奨学金を得る	win a scholarship
□ カンニング	cheating on an exam
□ 大学入試	university entrance exam
□ 卒業式	commencement [graduation] ceremony
□ 達成感	a sense of accomplishment
□ 道徳観	a sense of morality
□ 責任感	a sense of responsibility
□ しつけ	discipline
□ マナーが良い	have good manners
□ 家族の絆	family ties
□ 学問的資格	academic qualification

■ メディア

□ 広告	advertisement
□ 大量消費	mass consumption
□ 販売促進	sales promotion
□ マスメディア	the mass media
□ コマーシャル	TV commercial
□ 映画監督、製作者	movie director / filmmaker
□ ネット犯罪	cybercrime
□ 通信販売	mail order
□ 著作権	copyright
□ 言論の自由	freedom of speech
□ ネットバンキング	online banking
□ コンピューターウイルス	computer virus
□ ネットサーフィン	netsurfing
□ オンライン新聞	e-paper
□ 誤解を招くような情報	misleading information
□ 情報の漏洩	information leakage
□ 個人情報の盗難	identity theft
□ （メールの）絵文字	emoticon
□ （携帯の）メール	text-message
□ 迷惑メール	spam email
□ テレビ視聴者	TV viewer
□ 電子書籍	e-book

■ ライフ

□ 生活費	the cost of living
□ 公共の利益	common good
□ 公共料金	utility bills
□ 水道水	tap water
□ 生活水準	a standard of living
□ 都市部での生活	city [urban] life
□ 田舎での生活	country [rural] life
□ 公共交通機関	public transportation
□ 満員電車	crowded train
□ 最寄の駅	the closest [nearest] station
□ バス停	bus stop

□ 改札	ticket gate
□ 片道切符	one-way ticket
□ 往復切符	return ticket
□ 旅費	travel expenses
□ 自動販売機	vending machine
□ 家電製品	household appliance
□ 運転免許	driver's license
□ 日用品	daily necessities
□ アパートの家賃	apartment rent
□ 公共のサービス	public services
□ 託児所	day-care center
□ 保育所	nursery school
□ 車椅子	wheelchair
□ 手話	sign language
□ 共稼ぎ家族	double-income family
□ 年金制度	pension system
□ 子育て支援	childcare support
□ 交通事故	traffic accident
□ 家事をする	do the housework
□ 犯罪防止	crime prevention
□ 窃盗	theft
□ 刑罰	punishment
□ 罰金	fine

■ 健康

□ 食習慣	eating habits
□ バランスの良い食事を摂る	have a well-balanced diet
□ 適度な運動をする	have moderate exercise
□ 十分な睡眠をとる	get plenty of sleep
□ 高カロリーの食べ物	high-calorie food
□ ダイエット中で	on a diet
□ 健康診断	medical [health] checkup
□ 平均寿命	average life span [expectancy]
□ 癌	cancer
□ 非喫煙者	non-smoker
□ 健康な生活	healthy life

□ 介護士	caregiver
□ 応急手当	first aid
□ 医療費	medical cost
□ 高齢化社会	aging society
□ 高齢者	elderly people
□ 介護施設	nursing home
□ 社会福祉	social welfare

■ 文化・レジャー

□ レジャー施設	leisure facility
□ パッケージ旅行	package tour
□ 個人旅行	individual tour
□ 海外旅行	overseas trip
□ おみやげ	souvenir
□ 添乗員	tour guide
□ 外国人観光客	foreign tourist
□ 観光地	sightseeing spot / tourist destination
□ 旅行代理店	travel agency
□ 温泉地	hot spring resort
□ 歴史建造物	historical building
□ オリンピック	the Olympic Games / the Olympics
□ 娯楽	entertainment
□ 遊園地	amusement park
□ テーマパーク	theme park
□ 同窓会	class reunion
□ 映画館	movie theater / cinema
□ 博物館	museum
□ 入場料	admission fees
□ 世界遺産	a World Heritage site
□ 優先座席	priority seat
□ 宿泊施設	accommodation
□ 監視カメラ	surveillance [security] camera
□ 多様性	diversity
□ 交換留学生	exchange student

■ サイエンス、テクノロジー、環境

- 携帯電話　　　　　mobile [cellular] phone
- 技術的な問題　　　technical problem
- 通信手段　　　　　means of communication
- 介護ロボット　　　nursing-care robot
- 環境問題　　　　　environmental problem
- エコカー　　　　　eco-friendly car
- 天然資源　　　　　natural resource
- 地球温暖化　　　　global warming
- 太陽エネルギー　　solar power
- 包装紙　　　　　　wrapping paper
- 温室効果ガス　　　greenhouse gases
- 環境保護　　　　　environmental protection
- 化石燃料　　　　　fossil fuel
- 省エネ　　　　　　energy saving
- マイバッグ　　　　eco-bag
- 環境に優しい製品　eco-friendly product
- ビニール袋　　　　plastic bag
- 大気汚染　　　　　air pollution
- 交通渋滞　　　　　traffic congestion
- 水不足　　　　　　water shortage
- 食糧不足　　　　　food shortage
- 自然災害　　　　　natural disaster
- 被災者　　　　　　disaster victim
- 地震　　　　　　　earthquake
- 酸性雨　　　　　　acid rain
- 排気ガス　　　　　exhaust gas
- 二酸化炭素　　　　carbon dioxide
- ソーラーパネル　　solar panel
- 核兵器　　　　　　nuclear weapon
- 医療機器　　　　　medical device
- 農業　　　　　　　agriculture
- 農作物　　　　　　agricultural product
- 機械化　　　　　　automation

英検 2 級ライティング
必須例文 100

■ 教育

1 日本における早期英語教育はここ 10 年で大きく普及しました。

2 幼齢期から子供を英語学校へ通わせる親が増えています。

3 早期英語教育は子供の母国語の習得に悪影響を与えます。

4 海外への修学旅行を実施する学校が日本で増えています。

5 海外へ修学旅行に行くことで、生徒は現地の人と交流したり、地元の珍味を楽しむことができます。

6 ボランティア活動をすることで、子供の社会的能力や協調性が育ちます。

7 学校は長期休暇中に生徒がボランティア活動に参加するように促すべきです。

8 多くの学生はクラブ活動に消極的になっているように思われます。

9 クラブ活動、特に運動系の活動は生徒が目標を達成する諦めない心を作ります。

10 クラブ活動は非常にきついこともあり、生徒が身体的、精神的ストレスを感じることがあります。

11 日本の文化やテクノロジーに強い関心を持つ外国人留学生が増えています。

12 留学によって文化的視野が広がります。

13 学費や生活費を工面するのが困難な学生もいます。

14 子供に善悪の区別を教えることは親の義務です。

1 Early English language education has become very common in Japan over the last decade.

2 More and more parents are sending their children to English schools in the early stages of their lives.

3 Early English language education has a negative effect on the acquisition of children's mother tongue.

4 A growing number of schools in Japan take students on overseas trips.

5 Overseas school trips allow students to interact with local people and enjoy local delicacies.

6 Doing volunteer activities can develop children's social skills and a sense of cooperation.

7 Schools should encourage students to take part in volunteer activities during the long holidays.

8 Many school children seem to have become less active in doing club activities.

9 Club activities, especially athletic competitions, develop students' determination to achieve their goals.

10 Club activities are sometimes so demanding that students feel stressed out both physically and mentally.

11 An increasing number of foreign students have a keen interest in Japanese culture and technology.

12 Studying in other countries can broaden one's cultural horizons.

13 Some students have difficulty affording their tuition fees or with the cost of living.

14 It is a parent's duty to teach their children the difference between right and wrong.

15 教師は授業で生徒が自分の意見を発表できるような機会を与えるべきです。

16 いじめは多くの学校で最も深刻な問題の一つです。

17 良い教師とは柔軟性があり、エネルギッシュで、生徒を支えてくれる人です。

18 学校は教育の質を向上させるために生徒に教師評価をさせるべきです。

19 親は子供が自分で進路決定をするようにさせるべきです。

20 制服は子供の服にかかる費用を減らすことができるので家計の節約になる。

21 子供が学校で実用的なスキルを学ぶことは重要です。

■ メディア

22 広告には商品やサービスに関する誤解を招くような情報が含まれていることがあります。

23 企業は売り上げをアップさせるために魅力的な有名人を広告に起用します。

24 親は子供が有害なホームページにアクセスすることを防ぐフィルタリング機能を活用するべきです。

25 オンラインゲームはほとんどの子供にとって刺激的なので、その結果学業に費やす時間が減ります。

26 近い将来、オンライン新聞は紙の新聞に完全に取って代わる可能性があります。

27 オンライン新聞は紙の新聞よりも迅速に最新の情報を読者に届けます。

28 今日では、誰でも容易にインターネット上に個人情報を載せることができます。

29 テクノロジーは我々のコミュニケーションの取り方に大きな影響を与えてきました。

15 Teachers should give students the opportunity to express themselves in class.

16 Bullying is one of the most serious problems in many schools.

17 Good teachers are flexible, energetic and supportive to their students.

18 Schools should have students evaluate their teachers to improve the quality of education.

19 Parents should have their children decide on their career path on their own.

20 School uniforms save family expenses by reducing parents' spending on children's clothing.

21 It's important for children to learn practical skills in school.

22 Advertisements sometimes contain misleading information about products and services.

23 Companies use attractive celebrities in advertising to increase their sales.

24 Parents should make use of filtering systems that block children's access to harmful websites.

25 Online games are so entertaining for most children that they spend less time on schoolwork.

26 Newspapers may be completely replaced by e-papers in the near future.

27 E-papers give readers up-to-date information much faster than newspapers.

28 Nowadays, anyone can easily post personal information on the Internet.

29 Technology has had a great impact on the way people communicate with each other.

30 コンピュータ機器を用いることで、教師は授業で写真やビデオを使うことが容易になりました。

31 ニュースメディアは子供の人格形成に悪影響を与えることもあります。

32 政府は子供向けのジャンクフードの広告を禁止するべきです。

33 有名人の好ましくない行動は若者に悪影響を与えます。

■ ライフ

34 大都市には地方よりも仕事のチャンスが多くあります。

35 犯罪率が低いことから田園部での生活は都市部よりも安全性が高い。

36 中古品を買うことでごみの減少につながります。

37 中古品の需要が高まることで経済全体が弱体化します。

38 喫煙によって癌や、心臓病を発症するリスクが高まります。

39 喫煙は喫煙者だけでなく非喫煙者にとっても有害です。

40 バランスのとれた食事を摂ることは健康な生活をする上で不可欠な要素です。

41 適度な運動と十分な睡眠は健康を維持するための助けとなります。

42 アルバイトに時間を費やしすぎると、勉強や余暇に充てる貴重な時間が減ってしまいます。

43 今日では昔に比べて自宅で子供の世話をする父親が増えています。

44 政府は働いている親に対してもっと子育て支援を提供するべきです。

45 先進国における平均寿命は年々上昇しています。

30 The use of computer devices has made it easier for teachers to use photos and videos in class.

31 News media can have a negative effect on children's character development.

32 Governments should ban the advertising of junk food to children.

33 The bad behavior of celebrities has a negative influence on young people.

34 Big cities give people more job opportunities than rural areas.

35 Rural life ensures more safety than urban life because of its lower crime rates.

36 Buying second-hand items leads to a reduction in the amount of garbage.

37 An increasing demand for second-hand goods will weaken the economy as a whole.

38 Smoking can increase the risk of developing cancer and heart disease.

39 Cigarette smoking is considered to be harmful to non-smokers as well as smokers.

40 Having a well-balanced diet is an essential part of healthy lifestyle.

41 Taking moderate exercise and having a plenty of sleep help you stay fit.

42 Spending too much time working part-time can decrease valuable time for study and leisure.

43 These days more fathers stay at home to take care of their children than in the past.

44 Governments should provide working parents with more childcare support.

45 The average life expectancy is increasing in developed countries year by year.

46 クレジットカードを使用することでお金の使いすぎや、サイバー犯罪に巻き込まれるリスクがあります。

47 今日、日本のほとんどのコンビニは様々なプライベートブランド商品を取り扱っています。

48 犯罪の主な原因は貧困、失業、教育機会の不足です。

49 働く女性の多くは、20 代で子供を産むことにほとんど関心がなく、晩婚傾向にあります。

50 映画館や図書館などの公共の場における携帯電話の使用は禁止されるべきです。

51 もっと多くのお金を刑務所建設ではなく、犯罪防止に使うべきです。

■ 文化・レジャー

52 パッケージツアーを利用することでホテルやレストランを予約する手間を省くことができます。

53 旅行プランを立てるのがおっくうな旅行者はパッケージツアーを利用します。

54 多くの旅行業者はお手頃な価格で様々なユニークなパッケージツアーを提供しています。

55 歴史的観光地を訪れることで旅行者は歴史や文化的伝統を学ぶ機会があります。

56 歴史的建造物の保存には莫大な維持費がかかります。

57 思いやりと愛情を持ってペットを家族の一員として接する人が多くいます。

58 ペットを飼うことで子供は命の大切さと責任感を学ぶことができます。

59 サッカーやバスケットボールなどのチームスポーツを通じて子供のチームスピリットが発達します。

60 オリンピックを開催することで国の経済が活性化します。

46 Using credit cards carries a risk of overspending and cybercrime.

47 Most convenience stores in Japan today carry a variety of private label items.

48 The main causes of crime are poverty, unemployment and lack of education.

49 Many working women tend to marry late with little interest in having children in their 20s.

50 The use of mobile phones should be banned in public places, such as cinemas or libraries.

51 More money should be spent on crime prevention, not on building prisons.

52 Using a package tour saves tourists the trouble of booking hotels or restaurants.

53 Travelers who are reluctant to make travel plans choose package tours.

54 Many travel agencies today offer a variety of unique package tours at reasonable prices.

55 Historical places gives visitors the opportunity to learn about their history and cultural traditions.

56 Preserving historical buildings requires a huge amount of maintenance costs.

57 Many people treat their pets as family members with a tender loving care.

58 Keeping pets teaches children the value of life and a sense of responsibility.

59 Doing team sports such as football and basketball develops children's team spirits.

60 Holding the Olympics will boost the national economy.

61 オリンピック開催都市はテロの標的になる可能性があります。

62 ストレス発散のために仕事終わりにジムに通う人が多くいます。

63 今日多くの地方自治体では、外国人観光客を誘致するためにユニークな社交行事を企画しています。

64 博物館は娯楽と教育の場としての役割を果たすべきです。

65 外国人観光客は訪れる国の習慣やルールに従うべきです。

■ サイエンス・テクノロジー、環境

66 車の利用が増えることによって、大都市では深刻な大気汚染が引き起こされています。

67 エコカーの需要は近年大幅に増加しました。

68 ソーラーパネルを利用することで家庭のエネルギー消費を減らすことができます。

69 世界の天然資源消費は危険な割合で増加しています。

70 リサイクルによってエネルギー消費と紙の生産が減ります。

71 公共サービスの向上により生活の質が向上します。

72 ロボットは自然災害によって被害を受けた地域で行方不明の人を発見するのに役立ちます。

73 地球温暖化を和らげるために政府と企業は行動を起こすべきです。

74 監視カメラを増やすことはプライバシーの侵害につながります。

75 人間の活動によって生態系に深刻な被害を与えてきました。

76 鉄道網の改善は交通渋滞の効果的な解決法です。

61 The host city of the Olympic Games can become a target of terrorism.

62 Many people go to fitness gyms after work to release stress.

63 Many local governments today organize unique social events to attract more foreign tourists.

64 Museums should serve as a place for both entertainment and education.

65 Foreign tourists should follow the customs and rules of the country they visit.

66 The increased use of cars has caused serious air pollution in major cities.

67 The demand for eco-friendly cars has greatly increased in recent years.

68 Using solar panels can reduce household energy consumption.

69 The consumption of the world's natural resources is increasing at a dangerous rate.

70 Recycling leads to a reduction in energy consumption and paper production.

71 Improvements in public services raise the standard of living.

72 Robots are helpful in detecting missing people in areas affected by natural disasters.

73 Both governments and businesses should take actions to reduce global warming.

74 Increasing the number of security cameras leads to an invasion of privacy.

75 Human activities have caused serious damage to the ecosystem.

76 Improving railway networks is an effective solution for traffic congestion.

77 将来的には、太陽エネルギーのような再生可能資源を使う必要があります。

78 全ての家庭がごみの処理方法に慎重になるべきです。

79 携帯電話を持っていることで自分が世界とつながっているという感覚になります。

■ ビジネス

80 グローバル化によって多くの企業は海外へ市場を広げることが可能になりました。

81 発展途上国には多くのビジネスチャンスがあります。

82 ますます多くの企業が海外に事業を展開しています。

83 労働力不足を解決するために日本の企業は外国人労働者を雇用することは重要です。

84 発展途上国の人件費は日本よりもはるかに低い。

85 在宅勤務によって企業は不要なコストを減らすことができ、同時に労働者の生活の質が向上します。

86 今日では高い給料よりも仕事の満足度を優先する若者が多くいます。

87 仕事と生活のバランスを保てることは仕事の満足度における重要な要素です。

88 2 か国語を話すスタッフを雇用する店やレストランがますます増えています。

89 オンラインショッピングによって容易かつ迅速に様々な商品を買うことが可能になりました。

90 日本の平均労働時間は西洋諸国に比べてはるかに長い。

91 日本への外国人観光客は過去 10 年で大幅に増加しました。

92 ビジネスにおいてコミュニケーションスキルは学問的資格と同じくらい重要です。

77 We will need to use renewable energy sources such as solar power in the future.

78 Every household should be more careful in the way they dispose of waste and garbage.

79 Mobile phones make us feel connected to the world around us.

80 Globalization has allowed many companies to expand their market abroad.

81 There are a lot of business opportunities in developing countries.

82 An increasing number of Japanese companies are expanding business into other countries.

83 It's important for Japanese companies to employ foreign workers to address a labor shortage.

84 Labor costs in developing countries are much lower than those in Japan.

85 Telecommuting helps companies cut down on unnecessary costs and improves workers' quality of life.

86 Many young people today value job satisfaction over a big salary.

87 Good work-life balance is one of the most important factors of job satisfaction.

88 More and more shops and restaurants are hiring bilingual workers.

89 Online shopping has enabled people to buy a variety of items easily and quickly.

90 The average working hours in Japan are much longer than those in Western countries.

91 The number of foreign tourists coming to Japan has greatly increased over the last decade.

92 Communication skills are equally important as academic qualifications in business.

93 日本のサービス産業は質の高い商品とサービスで有名です。

94 ロボットは製造や医療のような様々な分野で重要な役割を果たします。

95 ロボットを使うことで人間の労働力に対する需要が減り、その結果失業を引き起こします。

96 昔に比べて女性が産休を取得することははるかに容易になりました。

97 企業は利益を上げる事と同様に社会的責任も持つべきです。

98 インターンシップを経験することで学生は実社会がどのようなものであるかが理解できます。

99 24 時間営業によって店は売り上げが上がり、同時に雇用を生み出します。

100 多くの企業は従業員に外国語を学ぶための研修を実施しています。

93 The service industry in Japan is famous for its high quality goods and services.

94 Robots play an important role in many industries, such as manufacturing and medicine.

95 The use of robots will reduce demand for human labor, causing unemployment.

96 It has become much easier for women to take maternity leave than in the past.

97 Businesses should have social responsibilities as well as making money.

98 Internships give students an idea of what the real world is like.

99 Round-the-clock operations can increase sales and create more job opportunities.

100 Many companies today give their staff foreign language training.

編著者・著者・プロフィール

植田 一三 編著 (うえだ いちぞう)

英語の最高峰資格 8 冠突破 & 英語教育書ライター養成校アクエアリーズ学長。ノースウェスタン大学院コミュニケーション学部修了後、テキサス大学博士課程に留学し、同大学で異文化間コミュニケーションを 1 年間指導。Let's enjoy the process!（陽は必ず昇る）をモットーに、34 年間の指導歴において、英検 1 級合格者を 1900 人以上、資格 3 冠（英検 1 級・通訳案内士・TOEIC 980 点）突破者を 400 名以上育てる。29 年以上の著述歴で出版した英語学習図書 60 冊以上のうち 10 冊以上はアジア数か国で翻訳されている。

小谷 延良 著 (こたに のぶよし)

マッコーリー大学翻訳学・通訳学修士課程、応用言語学 (TESOL 専攻) 修士課程修了。CELTA (ケンブリッジ大学認定教員資格) 取得。高校・アクエアリーズで IELTS、大学で教員養成課程を指導。英検 1 級、IELTS 8.0（スピーキング 8.0 を 8 回）取得。主な著書に『TOEFL iBT® TEST スピーキング＋ライティング完全攻略』（明日香出版社）、『IELTS スピーキング・ライティング完全攻略』（アスク出版）がある。

上田 敏子 著 (うえだ としこ)

アクエアリーズ英検 1 級・TOEIC 満点・工業英検 1 級講座講師。英検 1 級、TOEIC 満点、工業英検 1 級 (文部科学大臣賞)、国連英検特 A (優秀賞)、通訳案内士国家資格取得。主な著書は『英検 1 級・準 1 級・2 級面接大特訓』シリーズ (J リサーチ)、『TOEFL iBT® テストスコア・アップ大特訓』（アスク出版）など。バーミンガム大学院修士課程（翻訳学・優秀賞）修了。

岩間 琢磨 著 (いわま たくま)

医学部予備校講師・アクエアリーズ教材スタッフ。英検 1 級、TOEIC985 点取得。英会話教材、法人向け英語研修教材、TOEIC 模擬問題など数多くの英語教材制作を行い、『英検 2 級面接大特訓』(J リサーチ)、『TOEIC® LISTENING AND READING TEST 990 点突破ガイド』（明日香出版社）、『通訳案内士試験直前講座』（語研）などの執筆に携わる。

＊アクエアリーズの英検 1 級、準 1 級・2 級講座に関しては http://aquaries-school.com/ をご覧ください。

英検 2 級 ライティング大特訓

2017 年 4 月 10 日　初版　第 1 刷発行
2018 年 11 月 25 日　　　　第 5 刷発行

編著者	植田一三
著　者	小谷延良、上田敏子、岩間琢磨
発行人	天谷修身
装　丁	清水裕久 (Pesco Paint)
発行所	株式会社アスク出版
	〒 162-8558 東京都新宿区下宮比町 2-6
	電話 03-3267-6864
	FAX 03-3267-6867
印刷所	日経印刷株式会社

ISBN 978-4-86639-080-2　　Printed in Japan

Copyright ©2017 by Ichizo Ueda, Nobuyoshi Kotani, Toshiko Ueda, and Takuma Iwama. All rights reserved.

乱丁・落丁はお取替えいたします。
弊社カスタマーサービス（電話：03-3267-6500　受付時間：平日 10:00 〜 12:00 ／ 13:00 〜 17:00）までご相談ください。